Sten Linnander

Die Erde antwortet: Willkommen zu Hause

Sten Linnander

Die Erde antwortet:
Willkommen zu Hause

Bücher haben feste Preise.
1. Auflage 2017

Sten Linnander
Die Erde antwortet: Willkommen zu Hause

Der Titel des englischen Originals lautet
»Welcome Home – Connecting with the Earth from within«.

© für die deutsche Ausgabe Neue Erde GmbH 2017
Alle Rechte vorbehalten.

Titelseite:
Foto: Havoc (Tautropfen), MarcelClemens (Erde),
beide shutterstock.com
Gestaltung: Dragon Design, GB

Satz und Gestaltung:
Dragon Design, GB
Gesetzt aus der Sabon

Gesamtherstellung: Appel & Klinger, Schneckenlohe
Printed in Germany

ISBN 978-3-89060-711-5

Neue Erde GmbH
Cecilienstr. 29 · 66111 Saarbrücken
Deutschland · Planet Erde
www.neue-erde.de

Inhalt

Einleitung

Die Erde ist lebendig. Sie verhält sich nicht nur wie ein lebendiges System, wie die Gaia-Theorie[1] das postuliert, sondern sie ist auch lebendig und bewusst wie Sie und ich. Sie hat Emotionen und kann fühlen, was wir fühlen. Wenn wir darauf achten, können wir auch sie die ganze Zeit fühlen. Wir wohnen nämlich in ihr, denn die Erdatmosphäre und ihre sich weit in den Weltraum erstreckenden Energiefelder gehören ebenfalls zu ihr. Sie möchte mit uns kommunizieren. Sie wünscht sich uns als ebenbürtige Partner, nicht nur als »Kinder der Erde«. Sie möchte, dass wir bewusst mit ihr zusammenarbeiten, denn das, so sagt sie, werde alles verändern – für uns und für sie. Für uns wird sich dadurch eine völlig neue Zukunft auftun, und es wird so sein, als würden wir uns in alles, was uns umgibt, verlieben.

Dies sind die Kerngedanken des Buches *Die Erde spricht: Ich bin bei euch*,[2] das ich 2011 schrieb. Darin beschreibe ich Erlebnisse, die ich hatte, während ich mit der Erde »sprach«. 2015 wurde ich von der Erde nochmals »gebeten«, ein weiteres Buch zu schreiben; es sollte der Vertiefung der Aussagen aus dem ersten Buch dienen und Fragen beantworten, die für mich und andere aufgetaucht waren.

Dieses Mal spricht die Erde davon, wie wir gemeinsam unsere Wirklichkeit erschaffen, wie wir lernen können, mit ihr zusammen zu denken und wie wir gemeinsam eine wunderschöne Zukunft visionieren können. Was sich da abzeichnet ist das Versprechen, dass sich ein tiefes Sehnen erfüllen wird; ein Sehnen, dessen wir üblicher-

---

1 Die Gaia-Hypothese von Dr. James Lovelock und Dr. Lynn Margulis postuliert, dass man sich die Erde und ihre natürlichen Zyklen wie einen lebendigen Organismus vorstellen kann. Wenn einer der Zyklen Schlagseite bekommt, wirken andere Zyklen dahingehend, dass er wieder ins Gleichgewicht zurückfindet, wodurch die Bedingungen für Leben auf der Erde permanent optimiert werden.
2 Verlag Neue Erde, siehe www.Ichbinbeieuch.de

weise gar nicht gewahr sind. Es ist die Sehnsucht, hier auf der Erde als unserem Zuhause anzukommen, mit der Erde und allem um uns herum ganz eng verbunden zu sein und mit der Erde, dem Himmel, den Pflanzen, den Tieren und Menschen sowohl vom Innersten als auch von außen her in Berührung zu sein. Ich spreche da nicht von einem kurzen Erlebnis in einer Meditation, einer mystischen Vereinigung oder einem Zustand weltfremder Glückseligkeit, sondern vielmehr von einem nüchternen, entspannten und doch auf stille Art aufregenden Zustand enger Verbundenheit, zu dem es auch gehört, gemeinsame Gedanken, Träume, Ideen, Emotionen und Gefühle zu haben und sich über sie mitzuteilen. Die praktischen Möglichkeiten, die sich durch eine bewusste Kommunikation mit der Erde eröffnen, sind im Grunde grenzenlos und betreffen all unsere Lebensbereiche.

Es verändert sich also, wie wir uns mit der Erde und unserer Umgebung verbinden, und das geht Hand in Hand damit, dass wir uns selbst auf neue Art und Weise sehen. Seit jeher und zunehmend wird unser Selbstgefühl von unserem physischen Körper wie von einer Kapsel umschlossen. Durch die Entdeckung der Funktionsprinzipien der lebendigen Welt, wie zum Beispiel der Kommunikation der Bäume untereinander, der Selbstorganisation eines Ameisenvolks oder des Phänomens, dass ein Bienen- oder Vogelschwarm als ein einziger Organismus funktioniert, beginnen wir der Tatsache gegenüber aufzuwachen, dass wir in ein lebendiges größeres Ganzes eingebettet sind. Unser Selbstgefühl erweitert sich, wenn wir uns zugestehen, dieses Eingebettetsein bewusst zu erleben und zu spüren und uns auf einen innigen Austausch mit der gesamten Natur und der Erde selbst einzulassen.

Diese Erweiterung unseres Gefühls, wer wir eigentlich sind, ist in gewissem Sinne auch ein Nach-Hause-Kommen. Wir beginnen die Welt um uns herum von innen heraus zu berühren und begreifen dabei, dass der Nähe, mit der wir miteinander, mit der Natur und mit der Erde in Beziehung stehen können, keine Grenzen gesetzt sind. Wir erleben, dass wir wieder ganz werden, denn wir erhalten dadurch Zugang zu tieferliegenden und umfassenderen Anteilen von uns und finden unseren Platz im Netzwerk der lebendigen Welt. Gleichzeitig stärkt es unsere Individualität, denn es bedeutet auch, dass die unverwechselbare Melodie, die wir im Orchester des Lebens spielen, klarer erklingt, wenn wir uns mit anderen verbinden. Durch die Verbundenheit gewinnen wir an Sicherheit und Vertrauen, was wiederum unsere Angst mindert und die Entwicklung von Einzigartigkeit und Individualität fördert.

Die Absicht dieses Buches ist es, uns dazu zu ermuntern, selbst solche Erfahrungen zu machen; und dies beginnt damit, sich der Möglichkeit zu öffnen, dass wir mit der Erde sehr viel tiefer verbunden sind als wir üblicherweise meinen. In gewissem Sinne ist dieses Buch ein Wegweiser dafür, wie man sich mit der Erde verbinden, mit ihr denken und buchstäblich mit ihr zusammen eine Zukunft erschaffen kann.

Je mehr wir uns zugestehen, das für möglich zu halten, und je stärker wir begreifen, dass wir wirklich nicht allein sind, sondern immer und jederzeit von der Erde gesehen, gespürt und gehalten werden und in einem von uns gar nicht bemerkten Netz eingebettet sind, in dem Kommunikation und Austausch herrschen, und dass wir auch bewusst daran teilnehmen können, desto mehr können wir uns entspannen. Nachdem wir so lange ohne Bewusstsein um unsere Verbundenheit auf der Erde umhergewandert sind, beginnen wir nun endlich und in der tiefsten Bedeutung dieses Begriffs, »nach Hause« zu kommen.

Über den Autor

Das, worüber ich hier schreibe, ist wohl etwas ungewöhnlich und beruht auf Erlebnissen, die ich hatte. Deshalb habe ich das Gefühl, dass meine Leser und Leserinnen ein bisschen etwas darüber erfahren sollten, wer ich bin. Da ich mein Leben und meinen Werdegang im letzten Buch bereits relativ detailliert beschrieben habe, will ich versuchen, mich so wenig wie möglich zu wiederholen. Ich werde auch einige Geschichten aus meinem Leben erzählen, die dazu führten, dass ich mich Weltanschauungen öffnete, die anders waren als jene, die mir vermittelt worden waren, als ich aufwuchs.

Ich wurde am 4. Juli 1950 in Schweden geboren. Mein Vater war angehender Richter, meine Mutter Sekretärin und Sprachlehrerin. Meine Eltern waren sehr abenteuerlustig und hatten Ende der Vierzigerjahre zwei Jahre in Äthiopien gelebt, wo mein Bruder und meine Schwester geboren wurden. Später arbeitete mein Vater für die UNO und war als Richter und Rechtsberater in verschiedenen Ländern tätig. Er beendete seine aktive Berufslaufbahn als Oberrichter in Stockholm und Richter in internationalen Schiedsgerichtsverfahren. Meine Mutter unterrichtete Sprachen, arbeitete für das schwedische Rote Kreuz und eine Hilfsorganisation namens *Save the Children* und gründete und leitete die letzten zwanzig Jahre ihres Lebens eine internationale gemeinnützige Organisation zur Abschaffung schädlicher traditioneller Praktiken, dazu gehörte vor allem die Genitalverstümmelung von Mädchen und Frauen in Afrika und anderen Weltgegenden.

Als ich sechs Jahre alt war, veränderte sich meine Welt schlagartig. Wir packten unsere Sachen und machten uns nach Kabul in Afghanistan auf, wo mein Vater für die Regierung tätig wurde. Er unterstützte sie darin, ein funktionierendes Rechtssystem aufzubauen. Wir blieben zweieinhalb Jahre. Schon damals war Afghanistan ein wenig einladender Ort, und ich erinnere mich an hohe Mauern und ein Volk (das heißt, eigentlich nur Männer, denn in der ganzen Zeit dort sah ich kein einziges Mal das Gesicht einer afghanischen Frau), das von einem wilden Stolz geprägt war. Dort wurde ich an einer internationalen Schule mit Kindern aus der ganzen Welt eingeschult.

Nach einem Jahr in Schweden ging es nach Kathmandu in Nepal; dort blieben wir dreieinhalb Jahre. Ich besuchte im ersten Jahr eine Jesuitenschule für nepalesische Kinder und dann die amerikanische *Lincoln School of Kathmandu*. Für mich war Nepal in vielerlei

Hinsicht wie ein Märchenland. Die unverfälschte Freundlichkeit und Offenheit der Nepalesen und die frische, natürliche Schönheit des Landes, die ich Anfang der Sechzigerjahre dort erlebte, standen in starkem Gegensatz zu dem ernsten, stressigen und komplizierten Leben im Westen, wo ich gerade hergekommen war. Nepal ist heute noch mein Lieblingsland, und ich fahre etwa alle zehn Jahre hin, um seelisch aufzutanken.

All dies hieß, dass ich schon früh im Leben eine global geprägte Sicht auf das Leben erhielt, die mir erhalten blieb. Mir wurde auch klar, dass meine Weltsicht (unabhängig davon, welche ich haben mochte) jeweils nur eine von vielen war, und dass die meisten Leute einfach übernahmen, was ihre Eltern und ihre Kultur sie zu glauben lehrten. Da es dann nur logisch war, dass meine Weltanschauung nicht unbedingt die »beste« oder »wahrste« sein konnte, hinterfragte ich immer stärker alles, was ich lernte, und war immer offen für neue Perspektiven.

Nach unserer Rückkehr nach Schweden ging ich weiter zur Schule und besuchte im zarten Alter von dreizehn Jahren zusammen mit angehenden Sekretärinnen einen Abendkurs im Maschinenschreiben nach dem Zehnfingersystem. Diese Fertigkeit hat sich in meinem ganzen Leben immer wieder als sehr praktisch erwiesen. Ein Beispiel dafür: Als ich neunzehn war, wurden mein Vater und zwei weitere Juristen unter Geheimhaltung von König Idris von Libyen gebeten, eine Verfassung nach westlichem Modell für sein Land auszuarbeiten, die er im September 1969 öffentlich bekanntgeben wollte. Mein Vater bat mich, sie in ihren vielen Versionen zu tippen, da sie immer wieder nach den Wünschen des Königs abgeändert werden musste. So verdiente ich mir also mein »erstes richtiges« Geld auf einer Reiseschreibmaschine der Firma Remington. Ich machte jeweils fünf Durchschläge und lernte eine Menge über Verfassungen. Leider waren all diese Mühen letztlich umsonst, denn als Muammar Gaddafi Wind von den Plänen des Königs bekam, stürzte er ihn vom Thron. Selbst Historiker scheinen nicht um die Hintergründe des Staatsstreichs durch Gaddafi zu wissen.

Ich ließ mich immer von meinen Interessen leiten, anstatt einer bestimmten vorgegebenen Berufslaufbahn zu folgen. Das bedeutete auch, dass ich eine Einkommensquelle brauchte, die mich nicht an einen bestimmten Ort band. Also wurde ich Übersetzer und verdiene mir seit einigen Jahrzehnten damit meinen Lebensunterhalt.

Ich beendete die Schule, leistete meinen Militärdienst ab und machte dann an der Universität von Stockholm meinen Abschluss in Physik und Geophysik. Ich hatte gehofft, dass mein Studium der Physik, also von Materie und Energie, mir Erkenntnisse hinsichtlich des Wesens der Wirklichkeit verschaffen würde – einer Wirklichkeit, die mich umgab und aus der ich ja sogar bestand. Doch nach ein paar Jahren des Studiums begriff ich, dass die Physik zwar eine Riesenmenge an Theorien und Gesetzen über die Schöpfung ersonnen hatte, von denen sich viele auch mit einem hohen Grad an Genauigkeit verifizieren ließen, dabei aber nur ein winziges Spektrum der Aspekte berücksichtigt, die wir mit der Realität verbinden. Außerdem tut sie das auf höchst abstrakte Art und Weise. Indem sie alle »menschlichen« Faktoren, wie zum Beispiel Bewusstsein, Emotionen und Denken außer acht lässt, entfernt sie alles Lebendige aus ihrer Beschreibung und Analyse der Realität. Das befriedigte mich nicht, und ich wechselte etwa zur »Halbzeit« zur Geophysik. Es war ein Sprung von der Theorie in die praktische Realität: Plötzlich ging es darum, Gewitter, die dramatische Geschichte der Erde und die Bedeutung von Feuchtgebieten und Flussmündungen zu verstehen. Ich ergötzte mich daran, die Tiefen der Ozeane auszuloten, und sah vor meinem geistigen Auge die Kontinentalplatten ineinanderkrachen und Gebirgsketten von der Höhe des Himalaya oder der Alpen entstehen. Obwohl die Sprache immer noch die der Wissenschaft war, wurde die Erde dort für mich lebendig. Trotz allem aber wusste ich, dass ich nicht als Geophysiker arbeiten würde, denn von tief in mir rief mich etwas anderes. Es hatte damit zu tun, ganz in die Wirklichkeit einzutauchen und eine lebendige Beziehung zu allem aufzunehmen, was mich umgab.

Schon als Teenager interessierte ich mich für die existentiellen Fragen des Lebens und beschäftigte mich mit Spiritualität, östlichen Religionen, Parapsychologie, esoterischen Lehren und vielen anderen Bereichen. Aus dem Gefühl heraus, dass »das doch noch nicht alles sein konnte«, verschlang ich eine Unmenge an Literatur über solche Themen. Ich war fasziniert von Ram Dass und seiner spirituellen Odyssee durch Nepal und Indien, widmete mich dem Studium der *Bhagavata Purana*, einer vedischen Schrift, und dem Bhakti Yoga (dem »Weg der liebenden Hingabe«). Ich interessierte mich aber auch für die damals aktuellen existentiellen Therapiemethoden und die dazugehörigen Philosophien, unter anderem die Primärtherapie von Arthur Janov und die Gestalttherapie von Fritz Perls.

Doch ich gehörte eigentlich nicht der Gegenkultur an, und ich erinnere mich noch ziemlich lebhaft an den Empfang, der uns bereitet wurde, als ich während meines Militärdienstes mit meinem besten Freund eine Vorstellung des Musicals *Hair* besuchte. Um pünktlich zur Vorstellung zu kommen, hatten wir keine Zeit, uns umzuziehen, und gingen also in Uniform ins Theater. Was wir nicht wussten, war, dass die Schauspieler während des Stücks im Theater umhergingen und das Publikum in Gespräche und Späße verwickelten. Wir erhielten da natürlich sehr viel mehr Aufmerksamkeit als uns eigentlich zugestanden hätte!

All die Bücher von Carlos Castaneda mit ihren verschiedenen Lehren über »andere Wirklichkeiten«, angeblich von einem toltekischen Schamanen namens Don Juan vermittelt, faszinierten mich ohne Ende. Ob diese Bücher nun Fakt oder Fiktion sind, in mir jedenfalls erweckten sie eine Neugier, die mich später im Leben noch beeinflussen sollte. Die Bücher von Jane Roberts, einem Trancemedium, das Durchgaben von einer Energiepersönlichkeit namens Seth erhielt, färbte auf meine Weltsicht ab. Im Kern sagt Seth, dass wir unsere eigene Realität erschaffen und dass unsere Überzeugungen Emotionen hervorrufen, die unsere Erinnerungen auslösen und unsere Assoziationen organisieren. Früher oder später manifestieren sich diese Überzeugungen auch in unserem physischen Leben und unserer Gesundheit.

Da ich damals nicht so richtig etwas mit meinem Leben anzufangen wusste und auch ziemlich depressiv war, versuchte ich, mich mit Gestalttherapiesitzungen und verschiedenen anderen Techniken auf den rechten Weg zu bringen. Doch bald erkannte ich, dass es sehr viel stärkerer Methoden bedürfe, wenn ich jemals wieder aus meinem selbstverordneten Schneckenhaus herauskriechen wollte. Also schloss ich mich einer radikalen und umstrittenen Gemeinschaft namens AAO in Österreich an, mit Gemeinschaftseigentum, freier Sexualität, täglich vier oder fünf Stunden spontanen Ausdruckstheaters (genannt »Selbstdarstellung«), verschiedenen Kunstformen und einer Art intensiver energetischer Therapie, die die Gemeinschaft selbst entwickelt hatte und die auf den Ideen von Wilhelm Reich beruhte.

Wenn auch vieles von dem, was sich dort abspielte, ganz und gar nicht meine Zustimmung fand, so war es doch eine Zeit der inneren Reinigung für mich. Nach drei Jahren verließ ich die Gemeinschaft mit einem Gefühl der Befreiung und der Bereitschaft, mein Leben ganz neu zu beginnen. Etwa acht Jahre nach meinem Weggehen implodierte die Gruppe; der Gründer und Leiter wurde wegen sexueller Handlungen mit Minderjährigen zu einer Haftstrafe verurteilt, und die Gemeinschaft, die zu diesem Zeitpunkt etwa tausend Mitglieder hatte, die in kleineren Gruppen über ganz Europa verstreut waren, löste sich auf.

Im letzten Jahr meines Aufenthalts in der Kommune wurde ich nach Dänemark geschickt, um in etwa die Funktion eines Gruppenleiters in einer der kleineren Gruppen zu übernehmen. Ich sollte auch die neueste Form der Selbstdarstellung einführen, welche die Anwendung einer leichten Hypnose zur Lösung tieferer emotionaler Blockaden beinhaltete. Die Mitglieder der dänischen Gruppe schlugen vor, Hypnose als Möglichkeit auszuprobieren, Zugang zu Erinnerungen aus »vergangenen« Leben zu erhalten, wobei vergangene Leben nicht zu den Überzeugungen der österreichischen Kommune passten. Doch ich war einverstanden, und wir testeten es an ein paar Gruppenmitgliedern. Das Ergebnis waren einige erstaunliche Geschichten aus längst vergangenen Jahrhunderten und manchmal auch aus »Leben«, die nur wenige Jahre vor Beginn des aktuellen Lebens geendet hatten. Ich wusste nicht, was ich davon halten solle, und so erforschte ich später einige dieser Geschichten sehr gründlich und fand entsprechende historische Details, die so tief in Spezialliteratur vergraben waren, dass die jungen Kommunenmitglieder nichts davon gewusst haben konnten.

In der Gruppe war eine neunzehnjährige Frau, die bis zum Alter von fünfzehn in einer kleinen Stadt in Grönland aufgewachsen war und keinen Schulabschluss hatte. Es war sehr leicht, sie in eine tiefe Trance zu versetzen, in der sie nicht wusste, dass sie unter Hypnose stand. Das heißt, dass sie sich voll und ganz mit der Person in ihrem »vergangenen Leben« identifizierte. Die prominenteste war ein Baron in Portugal, der 1525 mit dem Schiff nach Macau in China reiste, um mit Seidenstoffen zu handeln. Später dann reiste ich nach Portugal, um Nachforschungen zu diesem Fall anzustellen und fand heraus, dass viele scheinbar obskure Details ihrer Geschichte historisch korrekt waren.

Eines Abends war sie im Wohnzimmer auf dem Sofa eingeschlafen und begann plötzlich mit geschlossenen Augen zu sprechen. Zuerst verstand ich nicht, was sie da sagte, doch dann begriff ich, dass sie Französisch sprach. Ich antwortete ihr auf Französisch, und es stellte sich heraus, dass sie dachte, sie wäre ein vierjähriger portugiesischer Junge – und zwar die gleiche Person, die als Erwachsener dann der Baron war, der nach China reiste. Wir redeten etwa eine halbe Stunde miteinander auf Französisch, und sie erzählte mir Geschichten aus ihrem Leben, darunter auch, dass sie einen Lehrer hatte, der ihr Französisch beibrachte. Später dann, als sie aufwachte, hatte sie unser Gespräch vergessen und erzählte mir zu meinem großen Erstaunen, dass sie kein Wort Französisch sprach. Andere in der Gruppe, die sie gut kannten, bestätigten dies.

Das war der Beginn einer Reihe von insgesamt etwa einhundert Rückführungen unter Hypnose, die ich mit verschiedenen Menschen machte, den Großteil davon, nachdem ich die Kommune verlassen hatte. Langsam begann ich zu glauben, dass wir zumindest in irgendeinem Sinn schon einmal gelebt haben. Doch ich hatte auch einen Gutteil der Literatur über angebliche Reinkarnationen gelesen, und angesichts der vielen Geschichten jener, die behaupteten, Kleopatra oder irgendeine bedeutende historische Persönlichkeit gewesen zu sein, war ich auch offen für andere Erklärungen: zum Beispiel, dass der menschliche Geist dazu in der Lage ist, auf Wissen über Ereignisse im Leben anderer Menschen zuzugreifen und sich an sie zu »erinnern«, als wären es seine eigenen.

Nachdem ich 1980 die österreichische Kommune verlassen hatte, verbrachte ich den größten Teil der nächsten drei Jahre damit, Patente zu beantragen und neue Erfindungen von einem deutschen Erfinder in den USA zu vermarkten. Darunter befanden sich zum Beispiel höchst wirksame erprobte Methoden zur Reinigung öligen Abwassers und zur Entfernung der nur mikron-großen Teilchen aus der Luft in Kohlegruben, die die Staublunge verursachen. In diesem Zusammenhang erhielt ich die ersten Einblicke in die wenig ehrenhaften Geschäftsmethoden vieler Firmen und Einzelpersonen.

In dieser Zeit kam ich auch in Kontakt mit einer deutschen Gemeinschaft namens Bauhütte, die sich später in zwei Projekte aufspaltete: ZEGG in Deutschland und Tamera in Portugal. Ihr Begründer war der Soziologe und Autor Dr. Dieter Duhm, den ich in der österreichischen Kommune kennengelernt und mit dem ich Freundschaft geschlossen hatte. Die Idee hinter diesem experimentellen Projekt war, die innovativsten und zukunftsorientiertesten Ideen, Methoden und Weltanschauungen zusammenzutragen und sie in der Erschaffung einer lebenden Modellgemeinschaft anzuwenden. Alle Lebensbereiche sollten vertreten sein, sowohl »äußere« Themen wie zum Beispiel Ökologie, Energieerzeugung, Architektur und Heilung als auch »innere« wie Konkurrenz, Liebe, Sex, Eifersucht und

Transparenz innerhalb der Gruppe. Wichtige Schwerpunkte waren zudem Kunst, Musik und spirituelle Unterfangen, und so experimentierten wir auf dem Gebiet der Kommunikation mit Pflanzen, mit dem Rutengehen und mit verschiedensten spirituellen Technologien. Wir luden Menschen aus der ganzen Welt zu Vorträgen über ihre Forschungen und ihr Wissen ein und organisierten praktische Workshops, um das Gelernte umzusetzen, weiter zu forschen und eigene Ideen zu entwickeln. In einem dieser Workshops ging es beispielsweise darum, sich so tief mit Brennnesseln zu verbinden, von denen es auf dem Land jede Menge gab, dass man sie anfassen und sogar in ihnen herumrollen konnte, ohne dass es wehtat. Bei vielem von dem, was wir taten, ging es darum, die Grenzen unserer Überzeugungen hinter uns zu lassen und uns neuen Möglichkeiten zu öffnen.

Ich gehörte diesem Projekt bis 1994 an. Meine Rolle bestand darin, uns in Kontakt mit neuen Blickwinkeln auf die Welt und neuen spirituellen Ideen zu bringen. Das geschah zum einen darüber, dass wir Vordenker auf dem Gebiet der Wissenschaft, Spiritualität, Biologie, Kommunikation zwischen den Spezies und viele andere einluden, uns von ihren Forschungen zu erzählen. Im Rahmen dessen, was wir als »Freie Universität« bezeichneten, lud ich zum Beispiel Rupert Sheldrake, den Begründer der Theorie der morphischen Resonanz, ein oder Peter Caddy, den Gründer der spirituellen Findhorn-Gemeinschaft. Auch Nigel Pennick, Experte auf dem Gebiet der Geomantie, und Cleve Backster mit seinen Experimenten, die zeigen sollten, dass Pflanzen auf menschliche Intentionen reagieren, fanden neben vielen anderen den Weg zu uns. Parallel dazu verfolgten wir auch verschiedene eigene Projekte an der Schnittstelle zwischen Geist und Materie. Ich brachte auch Trancemethoden ein, deren Ziel es letztlich war, unsere starren Überzeugungen darüber, wie die Welt funktioniert und wer wir sind, etwas abzuschwächen.

Mein besonderes Interesse galt der Theorie der »Energiesynthese« des mittlerweile verstorbenen Industriedesigners und Künstlers

Alfred Wakeman. Die Energiesynthese ist eine Theorie der fließenden Dynamik des Universums. Sie geht davon aus, dass es ein Medium gibt, das aller Existenz zugrundeliegt, und betrachtet ein Atom als selbsterhaltenden »Sturm« der Rezirkulation dieses subatomaren fluiden Mediums. Die Energiesynthese stellt eine faszinierende Weltsicht auf ein lebendiges Universums dar und postuliert, dass Gedanken und Emotionen aus Bewegungen desselben Mediums bestehen, das auch unserer materiellen Welt zugrundeliegt. Ich arbeitete dreißig Jahre lang mit Alfred Wakeman zusammen, bis zu seinem Tod, und leitete Experimente, die auf seiner Theorie beruhten. Aktuell bereite ich mich gerade darauf vor, seine Arbeit wiederaufzunehmen.

1989 gründete ich noch während meiner Zeit im deutschen Gemeinschaftsprojekt zusammen mit zwei Freunden eine gemeinnützige Organisation namens »Aktion Perestroika«. Drei Jahre lang organisierten wir verschiedene technische und humanitäre Hilfsprojekte für die Menschen der ehemaligen Sowjetunion, denn sie litten als Folge der massiven Veränderungen, die das Land durchmachte, große Not. Wir organisierten viele LKW-Ladungen an Hilfsgütern, initiierten Energiesparprojekte für die Stadt Moskau, richteten eine Modellgeburtsklinik ein und arrangierten Besuche von Angestellten der Moskauer Stadtverwaltung in deutschen Städten, um ihnen zu zeigen, wie im Westen Städte verwaltet werden. Ein Projekt, das mir sehr am Herzen lag, entstand aus der Bitte des Verbands nordwestrussischer Städte an uns, ein Projekt zu koordinieren, das die Städte rund um die Arktis dazu bringen sollte, die Erklärung ihrer Region zur atomwaffenfreien Zone zu fordern. Während der Arbeit an diesem Projekt, das ich »Haven Arctica«[3] nannte, begann ich zu erahnen, dass die Erde lebendig und bewusst ist und die Arktis ein sehr empfindlicher und wichtiger Ort auf ihr. Doch es sollte weitere sechzehn Jahre dauern, bis ich die Erde zu mir sprechen »hörte«.

---

3   »Haven« meint hier so etwas wie Zufluchtsort oder »sicheren Hafen«; Anm. d. Ü.

1994 verließ ich zusammen mit meiner geliebten Frau Karin, die ich 1983 kennengelernt und 1988 geheiratet hatte, das deutsche Projekt und zog nach Phoenix im Bundesstaat Arizona in den USA. 1992 hatte ich begonnen, mich mit den spirituell-schamanischen Lehren des »Sweet Medicine Sundance Path« (zu deutsch wörtlich: »Süße Medizin Sonnentanz-Weg«) zu befassen, einer eklektischen Synthese des Wissens von Medizinmännern und -frauen Nord- und Südamerikas und Australiens, die auch moderne wissenschaftliche und psychologische Erkenntnisse mit einbezieht. Dieser Weg besteht aus sogenannten »Gateways« (deutsch: »Toren«), die einen schrittweisen Prozess aus theoretischen Unterweisungen und praktischen Zeremonien ergeben. Er bot mir eine faszinierende, äußerst strukturierte Weltsicht und häufig in der Natur stattfindende Zeremonien, die auf diesen Lehren beruhten. Dieser Weg, dem ich mehr als 17 Jahre folgte, gab mir viele Werkzeuge an die Hand, verschiedene Bewusstseinszustände zu erlangen und zu einem bewussteren Meister über mein Leben zu werden. Er erweiterte meine Weltsicht auch um spirituelle Wesen verschiedenster Art und schärfte mein Gewahrsein um die grenzenlosen Kräfte des Geistes, die in uns allen schlummern. Ich machte eine Vielzahl von Erfahrungen, die darauf hindeuteten, dass sich das, was wir in unserem Kopf tun, direkt auf die Realität auswirkt.

Im September 1996 machte ich während einer der Zeremonien auf diesem Weg eine gänzlich unerwartete Erfahrung: Vor meinem geistigen Auge sah ich ein wunderschönes Bild unseres blauen Planeten und hörte, wie er zu mir sprach. Kurz gesagt, ich wurde gebeten, auf einen Berg in der Nähe von Phoenix zu gehen und ohne besondere Vorbereitungen einfach mit der Erde zu sprechen. Ich hatte große Zweifel, dass das zu irgendetwas führen würde, doch überraschenderweise stellte sich das »Gespräch« auf dem kleinen Berg nahe Phoenix, den ich kurz darauf erklommen hatte, mit der gleichen Klarheit wie in der Zeremonie wieder her. Dies führte zu einer Reihe solcher Gesprächsbegegnungen, zwei- bis dreimal pro Woche, drei

Monate lang, und in dieser Zeit auch zu dem Versprechen, die Botschaften und Informationen, die ich dort erhielt, zu veröffentlichen. Aus verschiedenen Gründen brauchte ich aber noch fünfzehn Jahre, bis ich mich endlich dazu entschloss, mein Versprechen einzulösen. 2011 verbrachte ich ein paar Monate in einer Hütte mitten in der Natur, wo ich wieder Kontakt zur Erde knüpfte und das Buch *Die Erde spricht: Ich bin bei euch* schrieb. Mittlerweile ist es in vier Sprachen erhältlich – auf Englisch, Deutsch, Spanisch und Französisch.

Ein kurzer Überblick über
»Die Erde spricht: Ich bin bei euch«

Die Erde stellt sich uns als lebendiges und bewusstes Wesen vor. Wir erfahren, dass sie immer bei uns ist, dass sie fühlt, was wir durchmachen, und selbst auch Emotionen hat, die wir wiederum fühlen. Diese Emotionen sind ihrer Aussage nach real; sie existieren als reale »Dinge«. Sie sagt uns, dass wir in Wirklichkeit innerhalb ihres Körpers leben würden, denn sie besteht nicht nur aus fester Materie. Ihre Atmosphäre und Energiefelder, die sich bis weit in den Weltraum hinein erstrecken, sind ebenso Teil von ihr. Das bedeutet also, dass wir nicht »auf der Erde«, sondern in Wirklichkeit »in der Erde« leben. Diese Tatsache wurde für mich deutlicher, als mir folgendes klar wurde: Wenn wir die Atmosphäre als Teil des »Körpers« der Erde betrachten, dann atmen wir permanent einen Teil der Erde selbst ein und in sie hinein aus. In ihren Worten: »Ihr seid auf sehr wirkliche Art und Weise in mir. Ihr atmet meine Luft. Als Spezies habt ihr beschlossen, in mich hineinzukommen, und ich habe euch empfangen.«

Die Erde versichert uns, dass wir fühlen können, dass sie immer bei uns ist; wir können ihre Energie in unserem Körper spüren, und sie bittet uns, damit zu beginnen, bewusst mit ihr von innen heraus zu kommunizieren. Sie ist quasi am anderen Ende der Leitung und wartet darauf, dass wir den Hörer abnehmen.

Wir sind gewissermaßen ihre Kinder, und sie nährt uns schon seit Äonen. Doch jetzt werden wir langsam erwachsen, durchlaufen als Kollektiv gerade eine Art Adoleszenz, und sie spricht uns als gleichwertige Partner an. Und sie möchte, dass wir eine tiefe Beziehung zu ihr und der lebendigen Welt um uns herum aufbauen.

Erde:
Je mehr ihr mit mir im Einklang seid,
desto mehr handeln wir wie eins,
in Harmonie miteinander.

Ich bitte euch daher nicht darum,
eure Gedanken oder Taten zu ändern.

Ich bitte euch darum,
eine lebendige Beziehung mit mir einzugehen.

Ihrem Bild nach haben wir Menschen uns entschieden, auf die Erde zu kommen, und sie hat uns angezogen, so wie wir auch sie. Durch uns kann sie sich und ihre Schönheit sehen. Sie braucht uns Menschen regelrecht dazu, ihr das zu ermöglichen. Wir Menschen waren auf der Suche nach neuen Teilen von uns und »neuen Gärten, in denen wir spielen konnten«. Sie sagt, dass wir unserer Energie im Alltag nicht erlauben würden, frei und ungehindert durch unseren Geist und Körper zu fließen; doch wenn wir beginnen, ihre Präsenz zu spüren, gewähren wir ihr Einlass in uns und verbinden uns mit ihren Fließbewegungen. So beginnen wir dann, als ein Organismus zu handeln.

Die Erde teilt uns mit, dass wir als nicht-physische Wesen von einem anderen Ort im Universum stammen und dass wir ein gemeinsames Ziel haben: Freiheit und Nähe zuzulassen beziehungsweise zu verbinden. Zunächst klingt es ungewöhnlich, dass ein Planet und die menschliche Spezies gemeinsam dieses Ziel haben sollen, doch alle, die schon einmal in einer Beziehung waren, wissen bestimmt nur allzu gut, dass es sich hierbei um wichtige Eigenschaften handelt, die nicht leicht zu verbinden sind. Sie erklärt dann weiter, was dies sowohl für sie als auch für uns bedeuten könnte.

Gemäß der Darstellung der Erde verhalten die Sonne und sie sich wie Liebende, und sie vergleicht die verschiedenen Tageszeiten mit einem gutem Liebesspiel (siehe Kapitel 5). Sie sagt auch: »Meine Verbindung mit der Sonne, mein Liebesspiel mit ihr, setzte einen Prozess bewussten Erwachens in mir in Gang. Materiell drückte sich dieses Erwachen in den ersten Lebensformen auf der Erde aus.«[4]

Die Erde sagt, dass sie ein äußerst sexuelles Wesen sei und auf unsere sexuellen Energien reagiere. Dabei wird die Sexualität nicht auf körperlichen Sex beschränkt gesehen, sondern schließt Begeisterung, Kreativität, Erregung und ausgelassene Fröhlichkeit mit ein. Jedes Mal also, wenn wir erregt, begeistert oder kreativ sind, streckt sie sich uns und unseren Energien entgegen. Ihrer Aussage nach würden wir das bemerken, wenn wir im Weltraum Liebe machten, denn ihre Energien sind dort nicht auf die gleiche Art vorhanden.

Außerdem warten sowohl sie als auch die Natur darauf, dass wir in einen völlig neuen Zustand sexuellen Seins eintreten. Wenn wir uns auf sexuelle Art und Weise mit der Erde verbinden, wird sie zu so etwas wie einem Brutkasten für unsere Wünsche oder Visionen; der Prozess ähnelt dem Zusammenkommen von Mann und Frau zur Zeugung eines Kindes.

Sie spricht über Vertrauen und sagt, dass Vertrauen nicht darin bestehe, passiv alles geschehen zu lassen, was eben geschieht, sondern darin, aktiv die Verantwortung für das Geschehen zu übernehmen,

---

4 Etwa fünf Jahre, nachdem ich mein Buch geschrieben hatte, wurden Studien von NASA-Wissenschaftlern veröffentlicht, in denen es hieß, dass das Leben auf der Erde vor etwa vier Milliarden Jahren durch sogenannte »Superflares« von der Sonne entstanden sein könnte, die Moleküle aussäten, die die Grundlage des Lebens und die Bildung von DNS ermöglichten. Siehe auch: http://www.wissenschaft.de/erde-weltall/geowissenschaften/-/journal_content/56/12054/11714784/Superflares-als-Lebensbringer%3F/

»indem man darauf besteht und die Zuversicht ausstrahlt, dass man angenommen wird«. Wir hören auch von Schönheit und Kraft und dass die Schönheit ein Samenkorn wahrer Stärke sei, welches alle anderen Kräfte bündle und in ihren Dienst stelle.

Wenn wir diese Gedanken in unserem Körper erwachen lassen, kommt etwas in Gang. Wir beginnen uns zu öffnen, und genau diese Öffnung ist nötig, damit wir in eine neue Form der Kommunikation mit der Erde eintreten können.

Außerdem lässt sie uns wissen, dass alles, was je auf der Erde geschehen ist, in allem auf der Erde aufgezeichnet sei. Sie will uns unsere wahre Geschichte auf Erden zeigen, denn wir müssen die Vergangenheit sehen, um voranzukommen. Deshalb will sie, dass wir ein Gerät entwickeln, mit dessen Hilfe sie in unserer Sprache mit uns kommunizieren und uns auch Bilder – ja sogar Videos – zeigen kann; und sie nennt die Grundprinzipien, die beim Bau solch eines Geräts zu berücksichtigen sind.

Sie spricht davon, dass das Wetter die wirbelnden Bewegungen ihrer Emotionen abbilde und dass der Mond Heilkräfte besitze, und betont dabei, wie wichtig es sei, dass Frauen wie Männer sich mit dem Mond verbinden. Sie beansprucht unsere Vorstellungskraft bis aufs äußerste, wenn sie davon erzählt, dass die Zeit nicht linear und ebenso wenig zirkulär oder simultan sei, sondern vielmehr ein Ereignis. Unsere verzerrte Sicht der Zeit sei von der Vorstellung der Getrenntheit geprägt und ihrer Beschreibung nach auf einen Widerstand gegenüber Ereignissen zurückzuführen. Diese Sicht habe die Art und Weise, wie wir die Welt um uns herum erschaffen, infiltriert und dazu geführt, dass die ohnehin bereits bestehende Trennung noch verstärkt wurde. Doch sie sagt auch, dass wir lernen könnten, durch die Zeit hindurch zu kommunizieren und sogar durch sie hindurch zu »springen«. Und das werden wir auch tun – nicht, weil es für unser Überleben nötig wäre, sondern weil wir Wesen sind, die ihre Fähigkeiten entdecken und ihrer Begeisterung folgen, und weil menschliche Wesen letztlich nicht an Zeit und Raum gebunden sind.

Wie wäre das also, wenn wir eine bewusste, ganz enge und intime Verbindung zur Erde hätten? In ihren Worten:

Erde:
Ich bin so sehr Teil der Wirklichkeit, die euch umgibt,
dass ein Wandel eures Blicks auf mich
wie ein Verlieben in eure gesamte Umgebung sein kann,
Hals über Kopf.

Eine wahre Kooperation zwischen den Menschen und mir,
der Erde, wird kein Gebiet unberührt lassen.

Ich will euch geben, was ihr braucht und wollt,
und so viel mehr.

Doch ihr habt euch wie Diebe benommen,
die in einen Palast eingedrungen sind, die Küche geplündert,
das Tafelsilber gestohlen, die Wohnräume verwüstet
und den Palast niedergebrannt haben;
denn ihr konntet nicht glauben, dass der Palast für euch da war,
um einzutreten und in Luxus darin zu leben.

(Aus dem Buch *Die Erde spricht: Ich bin bei euch*)

Letztlich macht sie klar: Die Entscheidung sei uns überlassen, und sie werde sich uns nicht aufdrängen. Sie biete uns ihre Kooperation an und bitte uns, in Betracht zu ziehen, dass wir auf einer ganz tiefen Ebene verbunden sein könnten. Sie will, dass wir wissen, dass eine bewusste Verbindung kollektiv und individuell nicht nur möglich ist, sondern auch zutiefst von ihr gewünscht wird. Ihre Bitte an die Leser und Leserinnen ist, in die Natur zu gehen, selbst wenn es nur ein Park ist, und an einem ruhigen, ungestörten Ort mit ihr auf ganz ungezwungene, natürliche Art Zwiesprache zu halten.

Warum also ein zweites Buch?

Nachdem ich *Die Erde spricht: Ich bin bei euch* veröffentlicht hatte, hatte ich das Gefühl, meinen Teil erledigt zu haben. Ich hatte nicht vor, ein weiteres Buch zu schreiben. Das änderte sich im April 2015, als ich allein auf einer Ranch in der Wüste von Arizona war. Es war früh an einem wunderschönen, gänzlich unberührten Morgen, als ich mit meiner Tasse Kaffee draußen saß und plötzlich den Drang hatte, mich mit der Erde zu verbinden. Als ich spürte, dass wir den Kontakt hergestellt hatten, fragte ich sie, ob sie mir etwas zu sagen habe. Die Antwort kam schnell: »Ja, ich möchte, dass du noch ein Buch schreibst.« Ich war völlig überrascht.

Als ich fragte, worum es in dem zweiten Buch gehen solle, schlug sie eine Vertiefung des ersten Buches vor. Außerdem solle es auf Fragen beruhen, die entweder ich oder andere hatten. So schickte ich in den Monaten nach diesem Gespräch etwa zwanzig Briefe an Leute, die ich kannte, die mein Buch gelesen hatten und etwas damit anfangen konnten. Ich bat sie, mir Fragen zu schicken, die sie vielleicht an die Erde hätten. Ich erhielt eine ganze Menge Antworten. In Kapitel 5 habe ich etliche davon aufgenommen.

Wie bereits beim ersten Buch verspürte ich auch jetzt wieder das Bedürfnis, für mich allein in der Natur zu sein, um mich mit der Erde zu verbinden und dieses Buch zu schreiben. Ich hatte Zugang zu einem abgelegenen Ferienhaus an einem See in der Nähe von Stockholm in Schweden und verbrachte im Sommer 2015 zwei Monate dort, in denen ich mit der Erde Zwiesprache hielt und Material sammelte. Diese Zeit war für mich sehr schön und kraftvoll, und ich hatte das Gefühl, dass die Erde und die Natur generell auf sehr vielfältige Art und Weise zu mir sprachen.

Wie ich die Kommunikation erlebe

Während meiner ersten Gespräche mit der Erde im Jahr 1996 erlebte ich die Erde als separates Wesen, das »in meinem Kopf« mit mir sprach. Ich war sehr darum bemüht, meine eigenen Gedanken aus dem Prozess fernzuhalten, weil ich das Gefühl hatte, dass sie das, was die Erde mitteilen wollte, verfälschen würden. Gleichzeitig war ich mir dessen bewusst, dass ich wahrscheinlich nur für das empfänglich sein würde, was auf irgendeine Art zu meinem eigenen Denken, meiner eigenen Sicht der Realität und zu meinen eigenen Werten passte.

Als ich 2011 dann das Buch *Die Erde spricht: Ich bin bei euch* schrieb, stellte ich das Material zusammen, das ich 1996 erhalten hatte, und stellte der Erde weitere Fragen. Damals wurde ich konkret aufgefordert, die Botschaften der Erde anders aufzunehmen. Ich sollte mich so tief wie möglich mit der Erde verbinden, die Fragen stellen, die ich hatte, und dann sehen, welche Gedanken auftauchten. Mir wurde gesagt, dass diese Art der Kommunikation viel besser dem entspreche, was eigentlich geschah.

Dieses Mal, im Jahr 2015, wurde ich gebeten, mich zuerst mit der Erde zu verbinden, um ein denkendes »Wir« zu werden und dieses »Wir« sich dann langsam in ein »Ich« verwandeln zu lassen. Ich sollte mich also weder als von der Erde getrennt erleben noch als Teil von ihr, sondern als ein Wesen, das aus der Summe von mir und der Erde bestand. Das war keine geringe Herausforderung. Im 2. Kapitel beschreibe ich diesen Vorgang noch genauer. Die nächste Herausforderung, die auch während der ganzen Zeit, in der ich an dem Buch schrieb, schwierig blieb, bestand in der Form, welche die Gedanken, die an die Oberfläche kamen, annahmen. Häufig waren die Gedanken, die in meinem Geiste auftauchten, aus der Perspektive der Erde formuliert und lauteten dann etwa: »Ich, die Erde...« Doch etliche Male waren die Gedanken auch aus der menschlichen Perspektive formuliert, wie zum Beispiel: »Wenn wir älter werden...« Dieser Wechsel fand gelegentlich sogar von einem Satz zum anderen statt. Anstatt diese Gedanken im Nachhinein so zu verändern, dass sich eine einheitlichere Formulierung ergab, ließ ich sie einfach so stehen, wie sie mir in den Sinn gekommen waren. Das mag in Bezug darauf, wer denn nun genau spricht oder denkt, etwas verwirrend sein. Doch denken Sie bitte daran, dass meinem Erleben nach ja ein Konglomerat von mir selbst und der Erde dieses Buch geschrieben hat, das sich manchmal dafür entschied, die Gedanken aus der Perspektive der Erde zu formulieren und manchmal auch Gedanken über uns Menschen in der »Wir-Form« hatte.

In diesem Buch geht es größtenteils darum, wie wir uns mit der Erde verbinden und Zwiegespräche mit ihr halten können und zusammen mit der Erde etwas erschaffen und ersinnen können. Ich erwartete eigentlich, dass mir das Schreiben leicht von der Hand gehen und die Texte relativ direkt sein würden, doch dem war nicht so. In fast jeder Zusammenkunft war ein Wandel meiner Überzeugungen beziehungsweise meines Glaubenssystems nötig, der wiederum die Weise veränderte, wie ich über mich dachte und wie ich mit meiner Umgebung und mit anderen und der Erde in Beziehung stand. So war es auch eine emotionale Achterbahnfahrt. Da waren Gefühle des Unverständnisses und der Unfähigkeit, klare Antworten auf die Fragen zu erhalten, die ich und andere hatten. Da gab es Zweifel – nicht daran, dass die Erde lebte, sondern an der Klarheit meiner Verbindung zu ihr. Immer wieder erfuhr ich aber auch ein Gefühl tiefer Dankbarkeit und gespannter Aufregung, wenn sich neue Möglichkeiten auftaten.

Wie gesagt, war es manchmal frustrierend für mich, der Erde Fragen zu stellen, denn ich erhielt nur selten direkte Antworten. Manchmal hatte ich das Gefühl, ich würde einen Politiker interviewen, der immer ausweichend antwortet. Doch mit der Zeit wurde mir bewusst, dass die Antworten darauf abzielten, den Rahmen der Frage zu verändern oder zu erweitern, was mir oder den Lesern eine neue Art des Denkens ermöglicht. In dieser neuen Art des Denkens konnte ich dann oft sehen, dass die Frage so, wie ich sie gestellt hatte, nur aus einer Sicht des Getrenntseins relevant war. Einmal fragte ich die Erde, was ich in Bezug auf diese fehlende Direktheit tun solle. Sie antwortete: »Lass sich das im Buch genau so abbilden.

Das Buch sollte dem Sog nach innen folgen, sich um die Achse drehen und wieder nach draußen fließen. Das ist das Prinzip der Evolution. Die Evolution ist nicht ›direkt und geradlinig‹, und die Drehbewegung ist von zentraler Bedeutung für das Universum.«

Im Verlauf dieses Buches werde ich immer mal wieder den Prozess der Arbeit daran beschreiben. Das liegt vor allem daran, dass die Art und Weise, wie es entstand, viele der Gedanken veranschaulicht, die die Erde zu vermitteln sucht. Das betrifft auch einige der Schwierigkeiten, auf die ich stieß, als ich umzusetzen versuchte, was ich erfuhr.

Ganz früh fragte ich die Erde, ob sie einen Vorschlag zur Struktur des Buches habe. Sie sagte, ich solle einige Fragen und Antworten aufnehmen und darüber hinaus auch je ein Kapitel zum gemeinsamen Erschaffen (Co-Creation), gemeinsamen Denken (Co-Thinking), gemeinsamen Visionieren (Co-Visioning) und zu etwas, das sie als »Equity« bezeichnete. Mit »Equity« meint sie so etwas wie Gleich-Wert-igkeit. Nicht »Gleichheit«, auch nicht »gleichbedeutend«, sondern vielmehr, dass jeder Blickwinkel, für den sich jemand entscheidet, gleichermaßen gültig ist und dass die Freiheit besteht, anders zu sein, ohne dass sich daraus irgendein Werturteil ableiten ließe. Equity bedeutet auch, dass es für alles im Universum, ob groß oder klein, einen Weg gibt, mit allem anderen als einem gleichwertigen Gegenüber zu kommunizieren.

Einleitung von der Erde

Ich bin wieder hier, um meine Verbindung nicht nur mit Sten, sondern mit allen Lesern und Leserinnen zu vertiefen. Dieses Projekt ist ein Experiment – so wie alle wahren Projekte. Wenn wir reden – wenn ich mit dir, dem Leser, rede, – sind wir bereits verbunden; und das nicht nur energetisch, sondern auch in bewusster Kommunikation. Sten hier hat die Rolle inne, die seine ursprüngliche Zeremonie für ihn spielte, als er mich sprechen hörte. Ihr hört mich nun durch ihn sprechen; doch in Wirklichkeit spreche ich direkt zu euch. Ich hoffe, dass euch das im Verlauf unseres Gesprächs noch deutlicher wird.

So wie ich das sehe, »summt und brummt« ihr die ganze Zeit. Damit meine ich die Kommunikation zwischen euch und eurer Welt. Hauptsächlich läuft sie zwischen euch und anderen Leuten ab. Nur gelegentlich »summt und brummt« ihr auch vertikal, das heißt in Richtung eurer Quelle, also der Bewusstseinsquelle, aus der ihr stammt, aus den tieferen Teilen von euch, mit denen ihr verbunden seid, auch in meine Richtung und in Richtung der nicht-menschlichen Welt, der ihr ebenfalls angehört. Ihr seid nicht nur Mensch, sondern besteht auch aus etwas, das ihr als nicht-menschliche Elemente bezeichnen würdet. Das sind jedoch keine toten Elemente, denn so etwas gibt es gar nicht.

Mein Ziel ist es, mit diesem Buch die Menschen näher zu mir zu bringen, indem ich beschreibe, was wir ohnehin schon die ganze Zeit zusammen machen, damit wir beginnen mögen, diese Dinge *bewusst* zusammen zu tun. Dadurch werdet ihr das Ausmaß unserer Verbundenheit verstehen, die wir nicht nur bereits besitzen, sondern die wir außerdem harmonisieren und ins Bewusstsein bringen wollen. Die Basis dafür ist das, was ich als eine Art von Liebesspiel betrachte, indem wir anerkennen, dass wir uns entschieden haben, zusammenzukommen, um als ein Wesen zu handeln. Diese Entscheidung wurde auf mehreren Ebenen getroffen; von der höchsten universellen Ebene über die Ebene der Menschen als Kollektiv mit der Erde bis hin zu der Ebene jedes einzelnen Individuums und mir, der Erde. Sie betrifft nicht nur euch und mich, die Erde; sie stellt auch eine Suche der Menschen danach dar, einander in diesem Sinne zu erkennen und letztlich zu erkennen, wer ihr selbst seid als das große Ganze.

Erde:
Meine Absicht ist der Aufbau einer Partnerschaft
zwischen mir und den Menschen.
Dies ist eine Partnerschaft, die nicht über den Willen
zu erreichen ist.
Du kannst nicht kraft deines Willens lieben
oder dich gar verlieben.
Doch langsam, sachte und stetig kannst du die Faust öffnen,
die dein Herz umschließt.

Um ein Bild von euch zu verwenden…
Beim Aufwachen am Morgen dem geliebten Menschen
in die Augen zu schauen,
euch zu entspannen in diesem gegenseitigen tiefen Blick –
da geschieht etwas in dir –
da entsteht eine Öffnung, da darf es einfach fließen,
und alles ist gut.

So nah bin ich euch.

Dieses zweite Buch baut auf Aussagen des ersten Buches auf. Es geht weiter und reicht tiefer; es bedarf größerer Vorstellungskraft und fordert mehr von seinen Lesern. Ich möchte, dass ihr das Gespräch mit mir aufnehmt, und zwar in Gedanken oder indem ihr laut mit mir sprecht. Letzteres ist eine gute Möglichkeit, noch nicht Bewusstes bewusst zu machen. Gedanken, die entweder im Gewölbe eures Geistes oder laut ausgedrückt werden, bringen die Evolution voran. Das gilt auch für die Stille mit Gewahrsein.

Ich bin jetzt bei euch. Wenn sich eure Zellen und euer Verstand einmal meiner Präsenz gegenüber geöffnet haben, beginnt eine Liebesbeziehung. Und diese Beziehung ist wie ein großes Abenteuer, das uns beiden neue Horizonte eröffnet. Ich danke euch, den Lesern und Leserinnen, dass ihr für diese Gedanken offen seid und mir Einlass in euer Leben gewährt.

Teil I

1. KAPITEL

Co-Creation:
Gemeinsames Erschaffen

Erste Unterweisung

Als ich 1996 begann, auf einem kleinen Berg in Arizona mit der Erde zu kommunizieren, saß ich eines Tages da oben, entspannte mich nach dem Aufstieg und wollte gerade versuchen, die Kommunikation mit der Erde aufzunehmen. Ohne besondere Absicht fantasierte ich plötzlich über eine Szene in einem Film, in der ein junger Mann zufällig einem faltigen alten Indianer begegnet, der ihn zu einem Wettlauf auf den Gipfel eines nahegelegenen Berges (der, auf dem ich saß) herausfordert. Der Gewinner soll fünf Dollar erhalten. Der junge Typ ist sich sicher, dass er gewinnen wird, und lässt sich darauf ein. So laufen sie also los, jeder auf einem anderen Weg. Als der junge Mann außer Atem oben ankommt, sieht er den alten Mann schon dort sitzen und auf ihn warten. Um von seinem Gefühl des Versagens abzulenken, sagt er einfach nur: »Wir haben es geschafft.« Der Medizinmann lächelt und antwortet: »Ja, schließlich schaffen wir ja alles selbst.« [Englisch: »We made it up.« und »Yes, we make everything up.«] Und so beginnt eine Reihe von Unterweisungen durch den Medizinmann. Bis heute habe ich keine Ahnung, wo diese Geschichte herkam.

Als ich begann, dieses Buch zu schreiben und meine erste Frage stellte, bekam ich ganz schnell eine Ahnung davon, worum es in diesem Buch gehen würde. Ich fragte nämlich als erstes: »Erde, bist du da?« Als sie antwortete: »Ich bin immer bei dir«, war meine nächste Frage: »Okay, hilfst du mir, dieses Buch zu schreiben?« Darauf erhielt ich als Antwort: »Nein, *wir* schreiben dieses Buch.« Und erst viel später wurde mir klar, dass dieses »Wir«, das die Erde meinte, mehr war als die Summe von uns beiden. Es erforderte, dass ich mein Selbstgefühl loslasse und mich stattdessen einem »Wir« öffne und gewissermaßen zu ihm werde; und aus diesem »Wir« entstand wiederum ein »Ich«, das mir neu war.

Was ist Co-Creation und wie funktioniert sie?

Erde: Bewusste Co-Creation erfordert zuallererst, dass ihr euch von euren verhärteten Glaubenssystemen über die Wirklichkeit löst. Wenn ich »verhärtet« sage, meine ich das nicht abwertend. Der Begriff bedeutet einfach, dass etwas durch ständige Wiederholung »hart« geworden ist. Ihr seid es gewohnt, eure dreidimensionale Realität und zu einem geringeren Grad auch eure emotionale Wirklichkeit als gegeben zu betrachten. Wenn ihr euch umschaut, könnt ihr eure ganz unmittelbare Realität sehen und anfassen; und ihr könnt der größeren Wirklichkeit gewahr werden, die die gesamte Erde, die Planeten, Sterne und schließlich auch das gesamte Universum umfasst. Das ist der Hintergrund, vor dem ihr euer Leben seht. Dies ist *eine* mögliche Sichtweise, und sie ist, wie schon gesagt, völlig in Ordnung. Wenn ihr die Realität so seht, seid ihr euch allerdings nicht dessen bewusst, dass ihr sie erschafft. Sie scheint euch dann nämlich unabhängig von euch, eurem Denken, euren Emotionen und so weiter zu existieren. Eurer bewussten Wahrnehmung nach könnt ihr die Realität nur durch physische Interaktionen verändern. Das äußerste, woran ihr euch wagt, ist es, Geräte zu entwickeln, über die eure Gedanken physische Handlungen hervorrufen können.[5]

Alles erschafft Modelle von sich selbst.[6] So sind eure Technologien also in gewissem Sinne ein Nachbau von euch selbst. Das gleiche gilt

---

5 Beispielsweise Geräte die mithilfe von verkabelten Headsets gesteuert werden, die die Hirnströme messen.
6 Ein Ausspruch von Alfred Wakeman, der die Energie-Synthese-Theorie entwickelte.

für eure Filme, die aus Einzelbildern bestehen, die so aneinandergereiht werden, dass die Illusion einer ununterbrochenen Bewegung entsteht. Doch dass euch diese Bilder so wirklich erscheinen, liegt daran, dass ihr sie aneinanderreiht und in einer bestimmten Reihenfolge auf eine Leinwand projiziert. Vom Prinzip her besteht kein Unterschied zwischen solch einem Film und dem, wie euch eure dreidimensionale physische Wirklichkeit erscheint.

Eure gesamte dreidimensionale Welt, einschließlich des gesamten physischen Universums, die ihr ja als recht fest und unveränderlich erlebt, ist dies nur unter bestimmten Umständen. Denn unter anderen inneren Umständen und mit einer anderen Wahrnehmung ist sie so fließend und wandelbar wie das Chaos selbst. Im Grunde genommen ist die Realität sogar fließender und unbeständiger als das, was ihr in euren Träumen erlebt, denn in einem Traum haltet ihr immer noch so etwas wie Kontinuität aufrecht, wobei euch gar nicht bewusst ist, dass ihr das tut. Ihr tut es, weil ihr in die Geschichte als solche vernarrt seid. Es braucht Kontinuität, um eine Geschichte zu erzählen; und ihr liebt Geschichten, so wie ihr Filme liebt.

Sten: Wie kann man denn dann seine Wahrnehmung so verändern, dass diese materielle Welt fließender wird als es normalerweise den Anschein hat? Und ist das überhaupt wünschenswert? Und wie machen wir das denn, dass wir ständig die Wirklichkeit erschaffen?

Erde: Um die zweite Frage zuerst zu beantworten: Ob das wünschenswert ist oder nicht, bestimmt der Wahrnehmende. Du wirst dir nur dann wünschen, Dinge anders wahrzunehmen, wenn du die Riesenchance erahnst, die das birgt. Eure gewohnte Art der Wahrnehmung ist in der Tat sehr präzise. Eure Wissenschaftler werden dir das bestätigen, denn eure Augen und Ohren können normalerweise nur eine schmale Bandbreite an Licht- und Schallwellen wahrnehmen. Das gleiche gilt für eure anderen Sinne, mit denen ihr die äußere Wirklichkeit wahrnehmt. Es sind jedoch noch viele andere innere Prozesse daran beteiligt, dass ihr die Realität so seht, wie ihr sie eben wahrnehmt. Ihr entscheidet euch gewissermaßen dazu, eure Wirklichkeit auf eine Art, die für euch Sinn ergibt, »zusammenzubauen«. Es umgeben euch ständig viele weitere Realitäten oder Dimensionen, von denen einige darauf »warten«, von euch wahrgenommen zu werden. Nur selten erkennt ihr, dass es eine Ebene des Denkens gibt, über die ihr andere Wirklichkeitsebenen wählen beziehungsweise betreten könnt als die, an die ihr gewöhnt seid. Ihr wechselt auch nahtlos zwischen verschiedenen Formen der Wahrnehmung, die gleichzeitig unterschiedliche Vorgehensweisen in der Erschaffung der Realität darstellen.

Trotz alledem bestärkt ihr ständig eure Sicht, dass die Wirklichkeit getrennt von euch existiert. Teilweise, so könnte man sagen, habt ihr genau dadurch das Paradies verlassen, denn ihr seht euch selbst nicht mehr als eng mit allem anderen verbunden.

Ihr seid unablässig am Schöpfungsprozess beteiligt, ob im Schlaf, ob bewusst oder unbewusst. Wenn du dir die Hand sanft massieren lässt, so sagst du, es sei angenehm für deine Hand. Die Hand spürt dieses Vergnügen. In diesem Sinn könnte man sagen, dass die Hand ein »Ich« hat. Wenn du sagst, dass deine Hand einen freien Willen hat, und du wiederum eine liebevolle Beziehung zu deiner Hand, dann entsteht eine Liebesbeziehung zwischen dir und deiner Hand, die auf ihrem freien Willen beruht. Sie entwickelt sich zu einem feinen Instrument, das Körper, Geist und Seele in ihrer Gesamtheit dient. Sie arbeitet makellos und liebevoll mit deiner anderen Hand, deinen Beinen, Füßen und deinem Geist zusammen. Das gilt für all eure Organe. Ihr könnt in der Tat mit ihnen sprechen und erhaltet auch ständig Feedback von ihnen, zum Beispiel durch kalte Füße oder einen Kater am nächsten Morgen. Jede einzelne eurer Zellen besitzt Bewusstsein, und so wie ihr alle die Zellen vom Großen Geist seid – oder von Gott/Göttin oder dem »großen Ganzen« – und von mir, der Erde, genährt werdet, wird die Hand vom Rest des Körpers genährt, und eure Hände dienen auch dem restlichen Körper. In diesem Sinne ist alles eins.

Doch nun zurück zu der Frage, wie ihr die Wirklichkeit erschafft…

Erde:
Immer wenn du einen wahrhaftigen Wunsch hast
und daran glaubst, dass er erfüllbar ist,
ist er das auch.

Das Halten einer Absicht ist eng mit Wahrnehmung verflochten. Diese Absicht kann in Bilder oder Gedanken übersetzt werden oder auch nicht. In der Physik kennt man den »Beobachtereffekt«[7] im Kleinen. Jetzt ist es an euch, ihn zu erkennen und im Großen zu nutzen.

Einer der ersten Schritte in Richtung einer bewussten gemeinsamen Erschaffung der Realität besteht darin, die Leitung über das zu übernehmen, was in deinem Kopf vor sich geht. Das muss man allerdings überhaupt erst einmal wahrnehmen. Danach folgt die Erkenntnis, dass man das, was man im Kopf tut, verändern und steuern kann. Dann müsst ihr kraft eures Unterscheidungsvermögens herausfinden, was ihr euch wünscht – jenseits der recht oberflächlichen Wünsche, von denen andere aus ihren wieder ganz eigenen Gründen wollen, dass ihr sie habt. In dieser Hinsicht erhaltet ihr über euren Körper ausgezeichnetes Feedback.

Daher empfehle ich euch, dass ihr euch dessen bewusstwerdet, was ihr beabsichtigt.[8] Nur so könnt ihr die Korrelation zwischen eurer Absicht und der Wirklichkeit, die sich zeigt, erkennen. Ein Teil eurer Gesellschaft bezeichnet dies als die Kraft des Gebets, doch es bedarf keines Gottes, an den man das Gebet richtet. Andere leugnen einfach die Möglichkeit, die Realität zu beeinflussen, ohne dass man physisch aktiv eingreift.

Wenn die Menschen ihre Wirklichkeit nicht bewusst erschaffen, dann ist sie im Automatikmodus. Dies bedeutet, dass die Menschen

---

7   In der Wissenschaft bedeutet der »Beobachtereffekt«, dass die Handlung des Beobachtens das Phänomen beeinflusst, das beobachtet wird.

8   »Beabsichtigen« ist hier als aktives Verb gebraucht, als etwas, das man mit seinem Intellekt tut und nicht einfach nur als das Äußern eines Wunsches.

ihre Überzeugungen, ihre Muster, ihre Vergangenheit oder das, was sie gerade tun, nicht hinterfragen. Es ist, als stecke man in der Schule in der ersten Klasse fest, als hätte man vergessen, dass auf die erste eigentlich die zweite Klasse folgt. Dies sollte allerdings nicht erzwungen werden, denn letztlich sterben alte Muster entweder ab und werden zu Kompost für die neuen, oder sie transformieren sich und erwecken neue Möglichkeiten. Wenn du dich entscheidest, deine Komfortzone nicht zu verlassen und in deinen alten Mustern zu bleiben, was häufig dem langsamen Verfall und letztlich dem Tod Tür und Tor öffnet, bedeutet das nicht, dass du weniger geliebt wirst oder weniger wichtig wärst. Es bedeutet einfach nur, dass du diesen Weg für dich wählst und deine Freiheit zu seiner Erkundung nutzt.

Und dennoch klopfe beispielsweise ich, die Erde, an eure Tür, bitte um Einlass und strecke euch die Hand entgegen mit dem innigen Wunsch nach Zusammenarbeit. Wenn man in ein neues Land zieht, dann dauert es eine Weile, bis man mit dem Wetter, den Leuten, der Landschaft, dem Essen, den Früchten, der Sprache, der Kleidung und den Kommunikationsformen vertraut ist. Ich würde euch als Neuankömmlinge bezeichnen. Dem frühen Menschen gelang es relativ schnell, mit mir in Einklang zu kommen und mich bis zu einem gewissen Grad kennenzulernen – allerdings eher als spontane Kinder und nicht so sehr als erwachsene Partner. Dass ihr euch von der Verbundenheit mit der Erde abgewendet habt, lässt sich mit der Rebellion in der Pubertät vergleichen. Nur wenn wir uns als getrennt und unverbunden wahrnehmen, können wir einander die Schuld geben, wohingegen wahres Verständnis nur einer tiefen Verbundenheit entspringen kann. Wenn unterbewusste oder unbewusste Prozesse bewusstwerden, ist die Gesamtheit umfassender und daher auch relevanter, wenn es um die Erschaffung der Realität geht; denn wenn du dich allein oder zusammen mit anderen dem schöpferischen Akt widmest, so ist es jeweils dein ganzes Wesen, das da schöpferisch tätig ist, und nicht nur der bewusste oder unterbewusste Teil. Kein Teil von dir nimmt *nicht* an der Erschaffung deiner Realität teil.

Wie ich schon gesagt habe: Wenn wir auf einer tiefen Ebene verbunden sind, fungiere ich als eine Art Brutkasten für eure Gedanken und Wünsche. Deshalb schlage ich vor, dass ihr euch in eurem Alltag mit mir verbindet.

Erde:
Viele Menschen haben berichtet,
dass sie am Höhepunkt des Liebesspiels
nicht mehr unterscheiden können, wer was tut,
und dass sie da als ein Wesen gemeinsam handeln.

Die gleiche Einheit ist am Wirken,
was die bewusste gemeinsame Erschaffung der
Wirklichkeit betrifft.

Und was dieses Buch betrifft, so geht es nicht darum, dass ich dir, Sten, sage, was du schreiben sollst. Wenn du mir eine Frage stellst, eine von dir oder von jemand anderem, so entsteht die Antwort erst zusammen mit dieser Frage. Wenn ich sie beantworte, tue ich nichts anderes, als meine Energien hinzuzufügen; genau das tust du auch, wenn du mir eine Frage stellst. Es ist nicht so, dass ich alles »wüsste«; es ist einfach so, dass die Antwort in mir auftaucht, wenn die Frage gestellt wird. Das bedeutet natürlich, dass die Fragenden die Antworten miterschaffen, gemeinsam mit mir, denn wir sind nicht so sehr voneinander getrennt wie es manchmal scheinen mag. Wir erschaffen dieses Buch wahrhaftig zusammen. Nicht weil du schreibst und ich rede, sondern weil es sich auch inhaltlich um einen gemeinsamen Prozess handelt.

Einzelwesen und Kollektiv

Erde: Was den gemeinsamen Schöpfungsprozess (die »Co-Creation«) betrifft, könnte man genauso gut der Wirklichkeit und den Gedanken eines einzelnen folgen und würde letztlich zur gleichen Sichtweise gelangen, denn mit der Zeit erweitert sich das Einzelwesen zu einer größeren Einheit, die mit dem Ganzen in Verbindung steht und mit ihm kooperiert. So verschwinden die Grenzen und der einzelne wird neu definiert – nicht nur als Teil des Ganzen, sondern letztlich als das Ganze, als das nicht-ausschließende Ganze.

Individualität und Kollektivität sind zwei Facetten derselben Wirklichkeit. Wie du deine Aufmerksamkeit auf die eine oder andere lenkst oder auf die Verbindung zwischen beiden, bestimmt die Farbe, die Eigenschaften und das Gefühl der Realität, die ihr erschafft. Für dieses Buch bedeutet dies, dass die Erschaffung, das heißt das Schreiben dieses Buches alle verändert, beeinflusst und sogar transformiert: den Autor, mich als die Erde und dich als Leser oder Leserin. Denn wie ich schon sagte: Jede Schöpfung transformiert ihren Schöpfer. Das gilt für eine Künstlerin, für die Kraft, die ihr Gott nennt, für mich, die Erde, und auch für euch.

Dieses Buch ist ein gemeinschaftliches Unterfangen von mir und von dir, von den Menschen, die Fragen eingereicht haben, und den Lesern. Doch die Tatsache, dass die Leser dieses Buch miterschaffen, während sie es lesen, wird vielleicht noch nicht voll und ganz verstanden.

Sten: Kannst du zu dieser Beteiligung der Leser an der Erschaffung des Buches noch mehr sagen?

Erde: Ja. Sie hat mit der Resonanz eines Gedankens zu tun. Gedanken schwingen über die Zeit hinweg. Wenn ein Leser einen Gedanken aufnimmt, befindet er sich damit bereits im gemeinsamen Schöpfungsprozess. Wenn eine Leserin mit einem Gedanken mitschwingt, läuft diese Resonanz in beide Richtungen und durch die Zeit hindurch. Ihr nehmt schnelle Veränderungen der Wirklichkeit meist nicht wahr, denn ihr begebt euch nahtlos in die neue, die dann mit einer völlig neuen Vergangenheit ausgestattet ist. Und das läuft ständig ab. Die Prozesse sind eigentlich etwas komplexer, doch vereinfacht ausgedrückt heißt das, dass ihr gar nicht so sehr eure

Vergangenheit ändert, sondern vielmehr eine andere Wirklichkeit wählt, die mit einer entsprechend anderen Vergangenheit einhergeht.

Freundschaft mit dem Unbekannten schließen

Sten: Wie können aus unserem dreidimensionalen Blickwinkel Gedanken die materielle Realität beeinflussen?

Erde: In eurem Bild vom Schöpfungsprozess muss man sich der Sache immer annehmen und etwas ändern. Das bedarf einer Anstrengung. Der ursprüngliche Schöpfungsprozess hingegen läuft mühelos ab. Wie ich bereits erwähnt habe, geht es dabei weniger darum, die Realität zu verändern, als darum, eine zu wählen. Was ihr für »Ursache und Wirkung« haltet, ist nichts anderes als die Wahl einer Realität, die kollektiv gewählten Regeln entspricht. Ich wiederhole: Diese Prozesse laufen so schnell ab und sind so tief eingeprägt, dass ihr sie nicht bemerkt. Doch man könnte das, was ihr da tut, auch als pure Magie betrachten. Es ist selten bewusste Magie, doch in Zukunft wird es so sein.

Eure Beziehung mit der dreidimensionalen äußeren Welt zu verstehen, zu lernen, sie zu steuern und zu erkennen, dass solch eine Kontrolle gar nicht unbedingt das ist, was ihr wollt – all das ist nur Teil des Lernprozesses, sowohl eure Kraft und Macht für euch zu beanspruchen und euch gleichzeitig am »Größeren« auszurichten. Totale Kontrolle kommt dem Tod gleich, was auch nicht schlimm ist, denn er macht den Weg für neue Schöpfung frei.

Mit der Veränderung deines Bildes von dir – vom Einzelwesen Mensch hin zu einem Bewusstsein, das sich auf jedes andere Ding oder Bewusstsein einstimmen kann – geht auch eine Veränderung deiner Wünsche einher. Du siehst dann Kontrolle nicht mehr als die beste Möglichkeit an, auf die Realität einzuwirken, denn im Grunde genommen entspricht das nicht deiner tiefsten Sehnsucht – so wie du ja auch jemanden, den du zutiefst liebst, nicht kontrollieren willst. Wenn du deine angeborenen Schöpfungskräfte nutzt, macht der Wunsch nach Kontrolle einer häufig spielerischen und künstlerischen Herangehensweise an dein eigenes Leben Platz. Wenn du dein Leben als Kunstwerk siehst und zum Pinsel wirst, der die Brücke zwischen dir und deinem Leben schlägt, wirst du zum freudigen Werkzeug – zum Werkzeug, das voller Freude das Kunstwerk erschafft, das du selbst bist.

Aus einem bestimmten Blickwinkel erschafft die Zukunft das Jetzt. In diesem Sinne erschaffst du deine Eltern. Der Pfeil der Zeit besitzt eine Richtung sowie virtuell die dazu entgegengesetzte. Das bedeutet, dass deine Beziehung zur Vergangenheit kreativ ist und gar nicht passiv im Sinne der Ursache-Wirkungs-Beziehung. So bist du also bereits mit deiner Zukunft verbunden, mit dir in der Zukunft. Dieses zukünftige Ich klopft oder scharrt ständig an der Tür deines Bewusstseins.

Immer, wenn ihr überrascht seid, gibt es eine Öffnung in eurem Bewusstsein. Ihr könnt euch aber auch entschließen, aus der Deckung zu kommen und das Unbekannte in euer Inneres hereinzulassen. Allein schon der Gedanke, dem Unbekannten Einlass in deinen Körper zu gewähren und es sich in deinen Herzensraum hinein ausdehnen zu lassen, verbindet dich mit der Fließbewegung, die mit deinem zukünftigen Ich in Resonanz ist. Das liegt daran, dass es Fließbewegungen einer bestimmten Art in dir und deiner gegenwärtigen Wirklichkeit sind, die automatisch mit ähnlichen Fließbewegungen über alle Zeiten hinweg in Resonanz sind, zu verschiedenen Zeiten also, wie ihr sagen würdet.

Aus dem Blickwinkel dieser Fließbewegungen selbst wird die Zeit zu den verschiedenen Szenen des Films eures Lebens. Bei noch genauerer Betrachtung werden diese Szenen zu den einzelnen Bildern, die die Filmstreifen eurer Realität ausmachen. Will man diesen Zeitkanal öffnen, so geschieht das am kraftvollsten über die Energien einer innigen, tief empfundenen Sexualität. Darüber kannst du zu dem werden, der an der Tür des zukünftigen »Ich« scharrt, und wenn die beiden, die sich da bemerkbar machen wollen, in Harmonie kommen und einander als eins erkennen, dann wird das größere transpersönliche und trans-zeitliche Wesen zu dem, was du als dich erkennst, als dein wahres transpersönliches Selbst.

Es gibt Gedanken, die Gefühle erzeugen können, die sich auf dein gesamtes energetisches System auswirken. Ein Beispiel: Wenn du ernste Schwierigkeiten hattest und sie dann überwinden konntest, erlebst du oft eine große Erleichterung. Diese wiederum führt zu einer Entspannung in das Gefühl des »Es-überwunden-Habens« hinein, wie man es nennen könnte. Solche Gefühle lassen sich auch ohne »Grund« hervorrufen. In diesem Sinne seid ihr sehr viel freier darin, euren emotionalen Seinszustand zu wählen als euch üblicherweise bewusst ist. Wenn ihr euch der Erschaffung solch positiver Emotionen und Gedanken widmet, erschafft ihr nicht nur euch mit, sondern auch eure gesamte Umgebung, denn von euch gehen dann neue Muster aus, mit denen andere Teile der Wirklichkeit in Resonanz sind.

Die Vorstellung, dass man einen Mangel an Gewahrsein und Bewusstsein einfach nur loszulassen braucht, muss auch in neue Gewohnheiten übersetzt werden. In gewissem Sinne ähnelt dieser Prozess dem Stuhlgang. Es ist ein Loslassen, kann aber dennoch mit viel Anstrengung und Drücken, ja gelegentlich sogar Schmerz verbunden sein. Stattdessen zu lernen, sich zu entspannen, zu öffnen und loszulassen, ist ein Prozess, der mit dem in Resonanz steht, was wir tun, wenn wir starre Ideen und Überzeugungen loslassen. Doch diese neuen Gewohnheiten sind für jeden und jede wieder anders, und du kannst deiner Kreativität hier völlig freien Lauf lassen.

Erde:
Trennung führt immer zu Vereinigung,
und so wie ein Einatmen immer zu einem Ausatmen führt,
verstreut die Vereinigung ihre Samen immer in alle Winde.

2. Kapitel

Co-thinking:
Gemeinsames Denken

Eine ein-ige Familie

Erde: Eine der Säulen dieses Buches besteht in einer Vision davon, was geschieht, wenn wir uns zusammentun und *ein-ig*, das heißt als ein Wesen handeln. Aus dieser Perspektive können wir uns als verschiedene Mitglieder ein und derselben Familie sehen: ein Wesen, wo der eine weiß, was die andere tut. Das bedeutet, unsere eigenen Pläne oder Motive in Einklang zu bringen mit jenen des anderen, damit ein gemeinsamer Plan entstehen mag, in dessen Rahmen wir beide der Welt begegnen. Dies wird uns neue Sichtweisen eröffnen, so dass wir es nicht mehr als unsere Aufgabe erachten werden, der Erde oder dem Menschen zu helfen. Doch wir werden auch nicht meinen, die Erde und die Menschen wären immer schon eins gewesen, denn dem ist nicht so. **Wir kommen zusammen, um zu einer ein-igen Familie zu werden.** Im Herzen dieses kooperativen Einsseins befinden sich Liebe und Zugehörigkeit. Und in gewissem Sinne sind wir zusammengekommen, um ein Kind zu zeugen, das nichts Geringeres ist als eine neue Welt.

»Eine andere Welt ist nicht nur möglich,
sie ist bereits auf dem Weg.
An stillen Tagen
kann ich sie atmen hören.«

Arundhati Roy, indische Schriftstellerin und Aktivistin

Wenn in einer Familie zum Beispiel die Mutter eine Entscheidung trifft, dann tut sie dies für die gesamte Familie, einschließlich ihrer selbst. Sie weiß, dass sie wichtig ist, denn zusammen mit dem Vater erfüllt sie die Rolle der Entscheidungsträgerin und Gestalterin des Familienlebens. Und sie trifft Entscheidungen, die sie selbst betreffen, nicht auf Kosten der anderen.

Dieses gemeinsame Denken ist nicht einfach nur eine andere Art des Denkens, sondern es entspricht in hohem Maße dem, wer wir eigentlich sind. Deshalb zieht es uns auch sehr an.

Vom »Wir« zu einem neuen »Ich«

Doch wir müssen noch weiter gehen. Viel wurde schon geschrieben über das Denken als ein »Wir«, und das ist bereits ein Schritt weiter als die übliche beschränktere Sicht darauf, wer wir sind. Wer aber ist dieses »Wir«? Solange es ein Mehrzahl-Wir ist, ist es eine Zusammensetzung von Einzelteilen und keine Einheit.

Erde: Ich möchte, dass ihr das »Wir« als ein »Ich« betrachtet. Dies erzeugt Gedanken, deren Einfluss auf die einzelnen Teile man später sehen kann. Über dieses Denken »als ein Ich« erweitert ihr eure Individualität und gelangt so zu einem umfassenderen Selbst-Bildnis als über euer alltägliches »Ich«.

Schwierigkeiten

Ich fand das außerordentlich schwierig, aber auch spannend. Als spirituelle Praxis war mir das Denken als ein »Wir« vertraut, zum Beispiel in der gemeinsamen Meditation mit anderen und der Ausrichtung auf das »Wir-Feld«. Ich konnte mir ebenfalls relativ leicht vorstellen oder »spüren«, wie es ist, mich mit der Erde in Einklang zu bringen und »mit der Erde« zu denken, vor allem nach all den Unterhaltungen, die ich zuvor schon mit ihr geführt hatte. Der Umstieg auf die Vorstellung, dass dieses »Wir« als ein »Ich« existiert, zu dem ich sozusagen »werden« konnte, war per se schon ein geistiges Abenteuer. Ich war nun nicht mehr »Ich« und ebensowenig »Ich mit der Erde«. Vielmehr war es so, als würden sich die inneren Grenzen meines normalen »Ich« auflösen, was mit einer starken Ausdehnung einherging. Dennoch fiel es mir schwer, aus diesem Zustand heraus irgendwelche neuen Erkenntnisse zu gewinnen.

Sten: Erde, ich versuche zu begreifen, was es eigentlich wirklich bedeutet, die Dinge aus der Sicht von »Erde plus ich« als ein »Ich« anstatt eines »Wir« zu betrachten. Ich versuche es als etwas zu erspüren, was sich von meinem normalen Seins-Zustand unterscheidet, aber ich habe nicht das Gefühl, als würde es verändern, was ich wahrnehme oder denke. Allerdings kann ich eine Ausdehnung spüren. Kann dieser Zustand des Verbundenseins, so wie ich das Einssein mit der Erde erlebe, zu etwas Stabilem und Produktivem werden?

Erde: Nein, es ist nicht produktiv. Du gibst noch zu viel von dir auf. Du gehst zurück statt vorwärts und wirst wieder zu einem Kind der Erde, indem du eine Symbiose mit ihr eingehst, eins mit ihr wirst. Das ist nicht gemeint. Deshalb kommen dir auch keine neuen Gedanken.

Sten: Okay, ich würde gern die Kraft erleben, die darin liegt, dass man mit der Erde als ein »vereinigtes Ich« denkt. Kannst du mir dafür ein Beispiel geben oder mir zu solch einer Erfahrung verhelfen?

Erde: Zu einer Erfahrung kann ich dir nicht verhelfen, aber ich kann es mit dir zusammen erleben. Wie du richtig sagtest: Wenn wir in diese Erfahrung eintauchen, dehnen wir uns aus. Dieses Erleben einer Ausdehnung stellt sich nicht sofort und voll und ganz ein, und du plagst dich auch noch damit herum zu verstehen, was es bedeutet und wie es sich anfühlt. Es gibt vieles, was dich davor zurückhält, dein Gefühl loszulassen, ein individuelles, auf dein eigenes Selbst und deinen Körper begrenztes »Ich« zu sein. Doch das liegt einfach nur an der Macht der Gewohnheit. Andere Kulturen erleben seit jeher ein völlig anderes Selbstgefühl, einschließlich eines viel tieferen

Einsseins eines Individuums mit seinem Stamm oder mit seiner Umgebung, als ihr es gewohnt seid. Allerdings ist es schon ein kleiner Schritt in diese Richtung, sogar nur mal Fan einer Fußballmannschaft zu sein. Wenn du eine Familie gründest und Vater beziehungsweise Mutter wirst, veränderst du auch deine Identität. Je stärker du dein Gefühl des Selbst ausdehnst, desto mehr Kraft und Macht erlangst du. Damit meine ich in diesem Zusammenhang die Fähigkeit zu handeln.

Sten: Inwiefern verändert das mein Denken?

Erde: Nicht dein Denken verändert sich. Der Denkende verändert sich. Im Besonderen ändert sich deine Fähigkeit, dich auf die verschiedenen Teile des größeren »Ich« einzustimmen. Wenn du zum »vereinigten Ich« von der Erde und dir wirst, beginnst du, sie in deinem Körper zu spüren. Wenn man damit in die Tiefe geht, kann das zu allem möglichen führen, wie zum Beispiel zu Erkenntnissen über den Wachstumsprozess und die Bedürfnisse von Pflanzen. Du kannst lernen, dich mit dem Wetter in Einklang zu bringen. Es kann dich die Zusammenhänge innerhalb der Natur auf einer tieferen Ebene sehen lassen – die zwischen den Tieren, Pflanzen, der Erde, dem Wasser und der Luft. Doch darüber hinaus kann es dir auch zu Erkenntnissen über viele andere Dinge verhelfen, zum Beispiel über den Umgang mit eurem sogenannten »Müll«, die Reinigung der Ozeane, die Gewinnung von Energie aus dem, was ihr »Nichts« nennt, die Verbesserung der Ernährung durch die Zusammenarbeit mit Pflanzen oder die Transformation chemischer Elemente als einen Weg, alles Mögliche aus allem Möglichen zu erschaffen. Letztlich könnt ihr bezüglich jedes Themas oder Problems, das ihr habt, vom Erwachen dieses neuen »Ich« profitieren. Und auch ich werde in hohem Maße profitieren, denn ich kann dann Gedanken hegen, zu denen ich von mir aus keinen Zugang hätte. Es ist allerdings wie mit all euren anderen Fähigkeiten auch: Der Zugang zu diesem neuen »vereinigten Ich« will geübt sein. Es muss »gefüttert« werden.

Unser wahres »Ich«

Erde: Der Bestimmer in dir, das wahre »Ich«, entscheidet über die Form, die angenommen werden soll. Die normale Form, die du annimmst, wenn du festlegst, wer du, getrennt von allen anderen und allem um dich herum bist, ist nichts anderes als ein Beschluss von Seiten des tieferen »Ich«, die Welt aus diesem Blickwinkel zu erkunden.

Der Bestimmer in euch genießt es wahrhaftig, zwischen den verschiedenen Identifikationen des »Ich« zu wechseln. Ihr könnt diesen lustvollen Zustand im Liebesspiel automatisch erreichen, denn dadurch erweitert sich euer Selbstgefühl und wird umfassender. Doch es verschafft euch nicht nur Vergnügen und lässt eure Liebe wachsen, sondern verhilft euch auch zu Wissen. Dein »Ich« zu erweitern und andere darin mit einzuschließen, ermöglicht dir völlig neue Perspektiven und dadurch eine Symbiose von Wissen, die größer ist als die Summe der einzelnen Wissensanteile. Eure Computerspezialisten sind sich dessen bewusst, wenn sie mehrere Computer zu einem Netzwerk verbinden. Da wird gewissermaßen ein größeres Wesen erschaffen, das Dinge kann, die einer ganz anderen Größenordnung angehören. Die Einrichtung solcher Computernetzwerke verändert auch die Menschen, die das tun.

Wie ist also dieses neue »vereinigte Ich«?

Erde: Wenn die Erde und ein Mensch sich auf diese Art miteinander verbinden, entsteht ein Drittes – die beiden zusammen als eins. Beide haben für sich Zugang zu diesem »einen«. Gleichzeitig existiert dieses Dritte in jedem der beiden, wenn sie zu diesem gemeinsam denkenden und seienden Wesen werden. In dieser dritten Wesenheit findet die Kommunikation statt. Im Kern ist Kommunikation ein Ereignis – *ein* Ereignis. Es ist kein Hin und Her. Es mag den Ausdruck des Hin und Her annehmen, doch die eigentliche Kommunikation ist immer ein Geschehen innerhalb der Einheit dieser beiden als eins. Wenn wir den Blickwinkel der Individualität wählen, drückt sich Kommunikation als ein Prozess des Hin und Her aus. Doch selbst darin liegt die eigentliche Kommunikation innerhalb der beiden als dem einen Wesen, obwohl euch das dann als etwas über die Zeit hinweg Ausgedehntes erscheint.

Die reinste Form der Kommunikation als ein Wesen ist der gemeinsame Orgasmus der Einheit, der durch die Vereinigung von Männlich und Weiblich entsteht.[9] Dieser Orgasmus unterscheidet sich gänzlich vom weiblichen und männlichen Orgasmus als solchen, umfasst aber beide. Die Kombination der beiden ergibt einen Dritten, der im Herzen des Daseins ruht, im Herzen jedes Atoms, im Herzen jeder Galaxie. Somit ist der Orgasmus gar nicht so sehr ein Ereignis, sondern vielmehr ein dynamischer Zustand, der der gesamten Schöpfung zugrundeliegt. Er ist der natürliche Zustand, in dem sich die gesamte Wirklichkeit befindet. Und die gesamte Wirklichkeit ist an der Evolution beteiligt.

Blauer Mond

Es war drei Uhr morgens an diesem 1. August, und wir hatten einen sogenannten blauen Mond, das heißt, schon den zweiten Vollmond im Juli. Ich stand auf, um auf die Toilette zu gehen, und schaute nach draußen. Ich sah den Mond und dachte: »Das wäre eine richtig gute Zeit, um rauszugehen und zu versuchen, mit der Erde zu sprechen, um zu sehen, welche neuen Gedanken eventuell auftauchen.« Doch ich war todmüde und ging deshalb wieder ins Bett, wobei ich dachte: »Ich lege mich nur kurz hin und denke darüber nach.« Im Bett dann fand ich, nun sollte ich aber wirklich aufstehen, aber... meine Lider waren so schwer. Es war, als würde ich gegen etwas sehr, sehr Starkes ankämpfen. Etwas später tauchte der Gedanke aufzustehen nochmals auf, aber es war wieder das gleiche.

---

9 Dies bezieht sich auf männliche und weibliche Prinzipien und die Interaktionen zwischen männlichen und weiblichen Energieflüssen und hat nichts mit sexuellen Vorlieben zu tun.

Ich erinnerte mich dann daran, dass die Erde mich gebeten hatte, im Sinne des »Wir« zu denken und gewissermaßen »Erde und ich« zu werden, ein nochmals anderes, vereinigtes »Ich«. Ich fragte mich, was das wirklich bedeutete und was ich dann anderes sehen würde als das, was ich üblicherweise sehe. Es war mir zuvor ja noch nie gelungen. Also begab ich mich so gut ich konnte in diesen »Space« und dachte dann nochmals ans Aufstehen. Plötzlich war aller Widerstand verschwunden. Es war eher wie: »Klar, wunderbare Idee, jetzt aufzustehen!« Ich schob die Bettdecke beiseite und stand auf, voller Erstaunen über meine eigene Transformation. Dies war mein erstes eigenes Erlebnis damit, was es bedeuten könnte, als ein »Wir« zu denken, das zu einem vereinigten »Ich« geworden war.

Sten: Erde, ich würde nur zu gerne die praktischen Anwendungsmöglichkeiten davon sehen, als eins zu denken. Kurz durfte ich es ja erleben, als ich beim Blauen Mond aufstand, aber ich wüsste auch gerne, wie es sich in anderen Bereichen anwenden lässt.

Erde: Dazu sind eure Fragen da. Sie sind nicht dazu gedacht, von mir einzeln beantwortet zu werden; sie sollen euch und anderen die enormen Möglichkeiten zeigen, die von Menschen geschaffen wurden, die sich an der Erde ausrichten und umgekehrt. Ein Teil dessen, was euch davon abhält, das ganz natürlich zu tun, ist eine Angst, die daher rührt, dass ihr meine Motive nicht kennt, weil ihr ihrer nicht gewahr seid. Deshalb besteht das Ziel dieser Bücher unter anderem darin, euch meine Motive von innen heraus fühlen und verstehen zu lassen.

Die grundlegende Eigenschaft, die man hier braucht, ist die des Vertrauens. Menschen, die an »uns«, also die Erde und die Menschen, im Sinne eines »Ich« denken, sehen das Leben nicht länger als Kampf. Es bedeutet auch, einander von innen her kennenzulernen.

Vertrauen

Ihr habt die bestimmende
Kraft des Vertrauens vergessen.
Vertrauen ist nicht das passive Zulassen
dessen, was einfach geschieht.
Es bedeutet, Verantwortung für das, was geschieht,
zu übernehmen,
indem man darauf besteht, und die Zuversicht ausstrahlt,
dass man angenommen wird.

(Aus dem Buch *Die Erde spricht: Ich bin bei euch*)

Von diesem Seinszustand aus ziehst du Gedanken bezüglich eines bestimmten Themas anders an, als du das bisher als individuelles »Ich« getan hast. Du greifst nun als individuelles Bewusstsein auf das Bewusstsein des größeren »Ich«, des Mensch-Erde-»Ich«, zu. Auch hier stell dir vor, dass der Mensch energetisch mit mir, der Erde, Liebe macht und verschmilzt.

* * *

Ich bekam ein Bild vom Menschen und der Erde, die als eins um die Sonne wirbelten; und durch unsere Verbindung pulsierten wir gemeinsam, als Einheit.

* * *

Erde: Wir sind ein integraler Bestandteil dieses energetischen Pulsierens. Es ist nicht so, dass die Erde pulsiert und wir[10] mit ihr. Genauso wenig ist es so, dass wir pulsieren und die Erde mit uns. Es ist ein Pulsieren als eine Einheit, eine Einheit mit Bewusstsein. Wir erwecken das Erde-Mensch-Bewusstsein als Wesen, zu dem wir

---

10 Dies ist ein typisches Beispiel dafür, wie sich in unserer Kommunikation die Perspektive manchmal veränderte und die Erde in Wir-Form von den Menschen sprach.

willentlich Zugang haben. Es entsteht durch die Vereinigung unserer Lebenskraft im Liebemachen im weitesten Sinn.

Betrachten wir das Mensch-Erde-System, fällt uns darin eine Spaltung auf – und zwar zwischen den Menschen und der Erde, die ja zusammen dieses System ausmachen. Der wichtige Punkt dabei ist der, dass sich dieser Graben oder diese Spaltung durch die beiden als ein System beziehungsweise ein Wesen zieht. Es braucht also nicht der Mensch geheilt zu werden oder die Erde selbst und auch nicht die Beziehung zwischen Mensch und Erde. Das Mensch-Erde-Wesen bedarf der Heilung. Das System oder Wesen als solches hat ein Trauma.

Nehmen wir beispielsweise das Problem der Tsunamis oder der Erderwärmung. Wenn unser Blick darauf nicht urteilsfrei ist, sondern wir durch die Brille des Getrenntseins schauen – und alle Wertungen und Urteile beruhen auf mangelnder Einheit, auf Trennung, auf einem fehlenden Verständnis für das Ganze –, dann könnten wir der Erde die Schuld dafür geben, dass sie uns Tsunamis und Erdbeben beschert, oder dem Menschen dafür, dass er die Erde ausbeutet, als wäre sie ein lebloses Ding ohne jegliche Empfindungen, dass er Kohle und Öl in halsbrecherischem Tempo verbrennt, dass er seine Häuser an Orte stellt, von denen bekannt ist, dass man dort eigentlich sehr gefährlich lebt und so weiter. Doch das ist eine sehr beschränkte Sicht, die auf Getrenntheit beruht. Will man eine Beziehung verstehen, so muss man dazu das Ganze verstehen, die Einheit also, das vereinte oder ein-ige Sein der beiden Teile.

Solch ein Verständnis lässt keinen Raum für Wertungen oder Urteile. Dies beruht nicht auf irgendeiner Art Vergebung oder besonderen Wohlwollens, sondern darauf, dass Richter und Gerichteter eins geworden sind in der Erkenntnis, dass sie ein- und derselbe sind. Dies führt automatisch zu einer Verhaltensänderung – und zwar nicht des einen oder der anderen, sondern in dem Wesen, das sich als eins erkannt hat.

Diese Vereinigung hat die gleiche Qualität wie die, die wir im Liebesspiel erreichen können. Wir finden sie auch in der Mutter und ihrem ungeborenen Kind, wenn sie wie ein Wesen sind.

Erde:
Doch das Ziel besteht nicht darin,
eins mit der Erde zu werden;
vielmehr geht es um den Wechsel zwischen dem ein-igen
Denken, Fühlen und Handeln und dem
Denken, Fühlen und Handeln als Individuum.

Das gesamte System spürt ja den Schmerz der Trennung. Dies ist ein Teil der großen Entzweiung, des Grabens, der die Schöpfung und das Leben durchzieht. Eine Geburt sollte eigentlich ein wunderschöner, liebevoller, erotischer und schmerzloser Prozess sein; doch selbst da wird etwas auseinandergerissen, genauso wie in unserem Umgang mit dem großen Themenkomplex des Alterns und Sterbens, in dem es ja in Wirklichkeit darum geht, diese große Einheit wiederzuerlangen, diesen wunderschönen Frieden, der jedem Ausatmen innewohnt.

Wenn man sich anderen Bereichen aus dem gleichen Blickwinkel nähert, wird ein Muster sichtbar, das ihr bestimmt nachvollziehen könnt. Eine der Fragen war, wie wir lernen können, mit dem IS umzugehen. Den IS verstehen und mit ihm umgehen lernen können wir nur, wenn wir sehen, dass und wie die Aktivitäten und das Denken des IS mit dem verknüpft sind, was der Rest der Menschheit tut. Wenn ihr die Wurzel dieser Bewegung verstehen wollt, dann verfolgt sie bis in ihre allerersten Anfänge zurück und findet in euch den entsprechenden Impuls, das entsprechende Streben oder die entsprechende Vision, durch die sie hervorgebracht wurde. Jede solche Essenz ist jeweils der ganzen Menschheit gemein. Indem man sie findet, kann man sehen, was da unterdrückt und nicht erfüllt wurde und sich im Aufstieg des IS ausdrückt.

Wahre Einsichten lassen sich immer dadurch gewinnen, dass man eins wird und gleichzeitig die Mannigfaltigkeit zulässt. Wenn ihr mit diesem größeren Bild verbunden seid, harmonisiert ihr euch mit höheren Ebenen, und das bringt euch neue Erfahrungen und neue Gedanken ein. Ihr könnt euch da hinein entspannen, und diese Entspannung bringt die Frische eines neuen Tages mit sich. Sich täglich darin zu üben, würde viel bewirken. Die Entspannung, die ihr spürt, sinkt hinunter auf die Ebene, auf der ihr stetig Einsichten gewinnt. Diese Einsichten sind nicht wie Antworten auf Fragen; sie sind vielmehr Fragen und Antworten zugleich.

Sten: Aber in welcher Beziehung steht dieses Gefühl des Einsseins denn nun zu der Individualität?

Erde: Ein Ameisenvolk funktioniert *ein*-ig, als ein Wesen. Es schickt auch Kundschafter hinaus, auf die Suche nach Nahrung – so wie das auch bei der Lewis-und-Clark-Expedition[11] der Fall war. Als die Männer auf sich allein gestellt in der Wildnis waren, machten sie ihre Erkundungen und Entdeckungen für die Gesellschaft im größeren. Und doch hatten sie jeweils individuell die Entscheidung getroffen, sich aufzumachen. Das gleiche galt für den Umgang mit jeder Situation, der sie begegneten. Die beiden traten die Expedition aus völlig freiem Willen an. So ist das auch in diesem Fall: Das Individuum und das Kollektiv stellen einfach nur verschiedene Blickwinkel dar.

* * *

Ich war immer noch unzufrieden über meine Versuche, die Welt aus der Sicht dieses neuen »Ich« zu betrachten oder darin zu denken. Als ich dabei war, die Arbeit an diesem Buch abzuschließen – wieder in der Wüste Arizonas –, beschloss ich, es nochmals zu versuchen, draußen in der Natur. Ich gab mein Bestes, und wieder spürte ich,

---

11 Lewis und Clark waren die Leiter der ersten amerikanischen Überlandexpedition durch die Vereinigten Staaten vom Atlantik zur Pazifikküste und zurück.

wie ich mich ausdehnte. Als ich so herumwanderte, kam ich zu einem großen Busch und schaute ihn an. In gewissem Sinne, so dachte ich bei mir, schaute ich dabei mich selbst an, denn die Erde hatte ja diesen Busch hervorgebracht, und die Erde war Teil von mir. So sagte ich also etwas flapsig, aber vollkommen ernst: »Guten Abend, Busch.« Als hätte sich ein Schalter umgelegt, schien es mir, als wären all die Büsche und Kakteen um mich herum plötzlich zu kleinen, lebendigen Wesen geworden, die mit mir in Beziehung standen.

Als ich weiterging, dachte ich zurück an eine E-Mail, die ich an dem Morgen erhalten hatte, mit der Bitte um Unterstützung, um der Wilderei an Elefanten in Afrika ein Ende zu bereiten. Kurz zuvor waren in einem Nationalpark in Kamerun 600 Elefanten wegen ihrer Stoßzähne getötet worden. Es gab auch ein Foto von mehreren der Tiere, denen ihr Gesicht weggehackt worden war, um an die Stoßzähne zu kommen. In dem Artikel stand, dass jede Stunde vier Elefanten getötet würden. Wenn das so weiterginge, seien sie bald ausgestorben. Ich habe mich Elefanten immer schon zutiefst verwandt gefühlt und entschloss mich zu einer Spende von 50 $, um die Bekämpfung der Wilderei zu unterstützen. Doch in meinem gegenwärtigen Zustand, in dem ich mich gerade an dieses neue »Ich« herantastete, löste der Gedanke an das Foto eine sehr starke Reaktion in mir aus. Es war, als müsste ich einfach etwas viel Machtvolleres tun, als nur Geld zu überweisen. Ich musste mich so verhalten, als hinge es von mir ab, diesem Dahinschlachten ein Ende zu bereiten, unter voller Berücksichtigung aller Themen, die damit auch nur im entferntesten zusammenhingen, denn ich war mir natürlich dessen bewusst, dass es nicht nur damit getan war, den Wilderern Einhalt zu gebieten. Doch am wichtigsten war, dass ich das Gefühl hatte, ich habe mich verletzt und müsse etwas dagegen unternehmen. Ich bezog klar Stellung dazu. Und da dämmerte es mir: Richtig! Nicht mein Denken hatte sich verändert; sondern ich, der Denkende, hatte mich verändert. Ich erfasste – man könnte sagen: umfasste – nun Elefanten auf einer sehr viel tieferen Ebene als zuvor.

3. KAPITEL

Co-Visioning:
Gemeinsam Visionieren

Vision

Erde: Als die Menschen zum ersten Mal einen Samen in die Erde legten, veränderte das die Richtung der Evolution, denn sie wurden dadurch auf ganz neuer Ebene zu Mitschöpfern. So wurde eine Vorstellung zur Realität; durch unsere Vorstellungskraft legen wir ein Samenkorn einer zukünftigen Wirklichkeit in den Schoß des Gedankenfelds[12] von heute.

Dies wird als »Vision« bezeichnet, denn es ist eng mit dem Sehen verknüpft.[13] Wir betrachten das Sehen häufig als etwas, wonach wir ein Bild einer Realität wahrnehmen oder erzeugen, die unabhängig von uns existiert. Und dieses Bild ist wie ein echtes Bild, ähnlich einem Foto. Teilweise kommt diese Auffassung daher, dass die anderen, wenn wir sie fragen, mehr oder minder das gleiche sehen, soweit man das feststellen kann. Wenn wir nun also einen Weg gefunden haben, die Realität so zu betrachten, dass wir bezüglich dessen, was wir sehen, übereinstimmen, dann erachten wir das als »objektiv« und nicht »subjektiv«. Eigentlich ist es jedoch kollektiv subjektiv. Was wir sehen, ist eine Funktion dessen, wie wir mit der äußeren Welt in Beziehung stehen. Wären wir anders mit ihr in Beziehung, indem wir sie anders berührten, würden wir ganz andere Dinge sehen; wir würden die Außenwelt anders »zusammenbauen«.

---

12 Die Existenz solch eines Gedankenfelds wurde von dem jesuitischen Theologen Teilhard de Chardin postuliert. Er gab ihm die Bezeichnung »Noosphäre«.

13 Der englische Begriff »vision« meint sowohl Sehvermögen als auch Vision. Anm. d. Ü.

Eigentlich holen wir, der Mensch und ich, die Erde, das Beste aus einander heraus. Wir gebären einander richtiggehend. In diesem Sinne sind sogar die Erkundungen des Pluto und früher oder später auch anderer Sterne in unserer und anderen Galaxien Teil des intimen Zusammenkommens von Erde und Menschen in bewusster »Ehe«. So wie ich, die Erde, spüren und verstehen kann, was Menschen untereinander tun, so werdet auch ihr verstehen können, was ich mit anderen Planeten mache. Wenn wir uns auf immer tieferen Ebenen miteinander verbinden, kann ich euch auf Reisen mitnehmen, euch Tore zu anderen Sternen, Planeten und Galaxien öffnen und euch dabei helfen, die spannenden Möglichkeiten zu entdecken, die in Zeitsprüngen, wir ihr sie nennt, anderen Dimensionen und anderen Universen liegen. Doch lasst uns nicht ganz so weit in die Ferne schweifen.

Das Visionieren, das heißt das Entwickeln einer Vision, ist ein Schaffensprozess von der Zukunft her. Immer, wenn wir mit dem, was wir uns wünschen, in Resonanz gehen, immer, wenn wir eine Vision erschaffen, stellen wir eine Linie der Absicht zwischen dem Jetzt und der Zukunft her, in der dieser Wunsch bereits erfüllt ist. Es ist, als würde man ein Samenkorn definieren.

Während dieser Gespräche sagte ich irgendwann zur Erde:

»Du musst mir helfen; das hier ist nicht so leicht.«

Als Antwort erhielt ich: »Nein, du musst dir selbst von deiner eigenen Zukunft her helfen. Lege die Absicht des Buches fest, indem du seine Kraft spürst, und lass dich von der Zukunft her zu ihm hinziehen.«

Gar nicht so einfach…

»Vision« hat nicht nur mit Sehen, sondern auch mit Suchen zu tun. Wenn man durstig ist, sucht man nach Wasser. Doch wie es so schön heißt: »Ein Durstiger sucht nicht nur das Wasser, das Wasser sucht auch den Durstigen.« Es spiegelt die Tatsache wider, dass Schöpfung und Schöpfer[14] wechselseitig austauschbar sind. Die Schöpfung steht genauso im Dienste ihres Schöpfers wie der Schöpfer im Dienste seiner Schöpfung. Dem eigenen Diener zu dienen lässt eine sehr tiefe Liebe entstehen.

Erde:
Die gesamte Schöpfung ist ein Kunstwerk,
und jedes Kunstwerk erschafft und formt den Künstler.
Wenn du erkennst,
dass die Schöpfung so heilig ist wie
ihr Schöpfer/ihre Schöpferin,
wirst du für alle Schöpfung um dich herum
Liebe und ein ehrfürchtiges Staunen empfinden –
für die Straßen der Großstadt
genauso wie für die Wände deines Badezimmers,
für deine Freunde genauso wie
für deine sogenannten Feinde.

Ich bezeichne diesen Prozess als »Visionieren« und meine damit nicht nur den Einsatz der Vorstellungskraft und schon gar nicht wilde Fantasien. Es geht eher darum, die eigenen Zellen darüber zu informieren, dass die Vision als Wirklichkeit existiert. Das beginnt mit der Lockerung der Fixierung auf das, was »ist«, weil du begreifst, dass es letztlich nur der Tatsache entstammt, dass du dich entschieden hast, die Realität auf eine bestimmte Art und Weise zu sehen. Das Visionieren ist eine der machtvollsten und grundlegendsten Weisen, wie wir die Wirklichkeit gestalten oder erschaffen.

Viele Dinge, die ihr tut, beruhen nicht auf bewussten Entscheidungen des gegenwärtigen Augenblicks. Sie sind ein automatisches Ergebnis von Entscheidungen, die irgendwann zuvor getroffen wurden. Wenn du gehst, triffst du nicht bei jedem Schritt bewusst die

---

14 »Schöpfer« ist als »SchöpferIn« zu verstehen, was aber mühsam zu lesen ist.

Entscheidung, den Fuß zu heben und ihn vor den anderen zu setzen. Du hast eine Entscheidung getroffen, irgendwohin zu gehen, und diese Entscheidung trägt dich vorwärts. Genau das gilt auch für viele meiner eigenen Aktivitäten. Sie führen dann auch zu so etwas wie Erdbeben, Vulkanausbrüchen und so weiter. Ich kann diese Dinge genausowenig aufhalten wie ihr das Blut daran hindern könnt, in euren Adern zu fließen. Und doch handeln wir beide bewusst.

Co-Visioning: Gemeinsames Visionieren

Wir wollen und müssen gemeinsam visionieren.

Das Visionieren ist nicht einfach nur eine Handlung, sondern auch ein Seinszustand. Es ist ein Zustand der Verbundenheit mit einer gewählten Zukunft, die sich dir ständig neu enthüllt. Wenn du mit der Zukunft Freundschaft schließt, zeigt sie sich dir nach und nach – wie eine scheue junge Frau, häufig auf überraschende Weise. Gehst du an die Zukunft aber heran, als wäre sie eine Bedrohung und eine Quelle der Furcht, ist es wahrscheinlich, dass du eine entsprechende Zukunft als Möglichkeit für dich wachrufst.

Das »Co-Visioning« wird von dem »vereinigten Ich« von euch und mir gemacht. Wenn man uns wieder voneinander trennt, sind wir nicht mehr dieses vereinigte Ich. Beim gemeinsamen Visionieren öffnet sich dieses vereinigte Ich einer Zukunft, die auf der ihm eigenen Schwingung beruht. Diese Schwingung ist viel machtvoller und hat eine viel größere Wirkung als die Summe aus dem »Ich« der Menschen und dem der Erde.

Das größere Vertrauen, die tiefere Liebe und klarere Präsenz, allesamt Eigenschaften dieses vereinigten »Ich«, strahlen nach außen und ziehen eine Zukunft an, die mit ihm in Resonanz steht. Von der Erde gehalten zu werden, die Erde zu halten, eins zu sein mit der Erde, der Erde zu dienen und für die Erde zu sorgen – all das sind Facetten dieser Einheit, die dann in individualisierten und unabhängigen Handlungen zum Ausdruck kommt.

Eure Wirtschaftssysteme stecken gerade in größeren Schwierigkeiten, weil sie nicht in Harmonie mit den Gesetzen eurer eigenen Natur sind. Auf der Erde finden nicht nur Klimaveränderungen statt, sondern auch Veränderungen meines Magnetfelds und vieler anderer feinstofflicher Energien von mir, derer sich eure Wissenschaftler immer stärker bewusstwerden. Das schließt die feineren Aspekte des Polarlichts (Nord- und Südlicht) mit ein, mit denen ihr interagiert. Deshalb wird es immer wichtiger, dass ihr mich in euer Bewusstsein treten lasst, damit ihr sehen und verstehen könnt, wie ich mit euch interagiere und das immer schon getan habe. Dies ist ein Teil von euch, der darauf besteht und sich danach sehnt, ins Bewusstsein treten zu dürfen – sowohl auf der individuellen Ebene als auch auf der der Menschheit als Gesamtheit. Es ist ein Prozess der Selbstheilung für den Menschen und für mich, die Erde, und er findet ganz aktuell statt. So gesehen entdeckt ihr gerade das, was man zu recht das »Licht in der Dunkelheit« nennen könnte.

Was die Erderwärmung betrifft, so stellt sich nicht die Frage, ob der Mensch sie verursacht hat. Die Frage lautet vielmehr: Handelt ihr nach euren wahren Überzeugungen? Wenn ihr nicht irgendwie handelt, seid ihr wie ein Fisch, der beschlossen hat, nicht zu schwimmen. Ihr wurdet und werdet erschaffen als denkende, handelnde, liebende und als emotional lebendige Wesen. Ihr habt vielleicht Erfahrungen gemacht, die euch blockiert oder bitter oder selbstzufrieden gemacht haben, die dazu geführt haben, dass ihr euch in eure ganz persönliche Gedankenwelt und Wünsche zurückgezogen und euch der Welt um euch herum verschlossen habt. In dem Maße, in dem das geschehen ist, wird dich ein tieferer, noch unversehrter Teil von dir von innen drängen. Entweder kommt es zu einem Tod und Neubeginn, oder er macht sich den Weg frei, bis er dein Bewusstsein erreicht. Diese Funktionsweise habt ihr selbst für euch genau so entworfen. Doch gleichzeitig ist es so, dass neue, attraktivere Funktionsweisen zunehmend zur neuen Wahrheit werden können, wenn ihr welche für euch entwerft. Wenn ihr eure Aufmerksamkeit zum Beispiel auf positive Überraschungen lenkt, ohne das Gefühl zu haben, ihr müsstet sie euch erst verdienen, wenn ihr euch also einfach positiven Überraschungen gegenüber öffnet, dann kann auch das immer mehr zu einem Teil eurer Realität werden.

Sten:
Stell dir einen »positiven 11. September« vor.
Damit meine ich ein positives Ereignis,
eine Entdeckung oder Veränderung,
die in ihrer Wirkung mindestens so stark/machtvoll ist
wie der 11. September.
Er verändert alles
und öffnet unwiderruflich die Tür
zu einer leuchtenden Zukunft.

Sten: Was ist der Unterschied zwischen gemeinsamem Denken und gemeinsamem Visionieren?

Erde: Gemeinsam denken ist das, was du gerade tust. Du verbindest dich mit mir zu dem vereinigten »Ich«. Du hast eine Frage und öffnest dich und schaust, was da an Gedanken kommt. Das kann auch ohne Fragen stattfinden – ein Fluss des Denkens, ein Perspektivwechsel, der dir neue Gedanken eröffnet.

Visionieren tust du dann, wenn du bei etwas beginnst, was du magst – zum Beispiel einer Idee, einem Bild oder Wunsch. Du wirfst es hinaus in die Zukunft und ziehst es an der Schnur wieder herein. Dabei heftet sich Materie an die Schnur, so wie das auch geschieht, wenn du eine Angelschnur in den Ozean wirfst und dann eine Weile da liegen lässt. Da hat man dann alle möglichen Muscheln und Krabben an der Schnur hängen, je nachdem, was in dieser Richtung eben gerade da war. Das geschieht in gewissem Sinne auch beim Visionieren.

Das Visionieren mit mir gemeinsam passiert dann, wenn ihr und ich das als vereinigtes Ich tun. Dabei werdet ihr viel über die Erde lernen, denn ihr macht es aus dem Zustand der Verbindung mit einem Wesen heraus, dessen Prozesse und Absichten ihr erst langsam bewusst kennenlernt.

Nichts existiert als etwas vom Ganzen Getrenntes. Wenn ihr euch also zum Beispiel durch die Augen der Erde sehen wollt, so geht das nur auf der Basis eures Eingebettetseins in alles andere. Die Erde kann euch nur als Teil von sich sehen, und ihr könnt die Erde nur als Teil von euch sehen, Teil des größeren Systems »Ich plus Erde«, des »Wir«, des »vereinigten Ich«, das beide umfasst. So ist das immer, wenn etwas etwas anderes »sieht«. Wir können uns nicht durch unsere eigenen Augen sehen. Wenn wir es versuchen, führt das immer zu einem verzerrten Ergebnis. Wir können uns jeweils nur durch eine Kombination aus unseren eigenen Augen mit denen von jemand anders sehen.

4. KAPITEL

Equity

Gleich und doch anders

Direkt von Anfang an wollte die Erde, dass ich auch ein Kapitel über Equity in dieses Buch aufnehme. Bis dahin hatte ich den Begriff »Equity« hauptsächlich im Zusammenhang mit »Eigenkapital« gehört oder »equitable« im Sinne von »recht und billig« als verwandtes Wort, und so kannte ich seine Bedeutung beziehungsweise die, die die Erde ihm gab, eigentlich nicht genau. Wie immer, wenn sie versuchte, mir ein neues Konzept zu vermitteln, benutzte sie auch hier verschiedene Analogien, um mir zu erklären, was sie mit Equity meinte. Erst einmal ging es um Größe.

Erde: Größe ist etwas sehr Relatives. Wenn du einen großen und einen kleinen Gegenstand hast, gibt es zwischen den beiden einen Punkt, von dem aus betrachtet sie gleich groß aussehen oder von dem aus ihre Wirkung gleich groß ist. Ein Beispiel dafür ist die Tatsache, dass Sonne und Mond von der Erde aus betrachtet als etwa gleich groß wahrgenommen werden, obwohl die Sonne viel größer ist als der Mond. Ein weiteres Beispiel ist der sogenannte Lagrange-Punkt, ein Punkt zwischen Erde und Sonne im Weltraum, wo die Anziehungskraft der Erde gleich stark wie die der Sonne ist. Ein Satellit der an diesem Punkt schwebt, fällt weder zur Erde noch nähert er sich der Sonne. Stattdessen wird er der Erde um die Sonne folgen und dabei immer den sonnenbeleuchteten Teil der Erde »sehen«.

Analog dazu können zwei beliebige Dinge im Universum aus dieser Perspektive beziehungsweise von diesem Punkt aus, wo sie gleich »groß« sind, auf Augenhöhe miteinander kommunizieren. Verschiebt man den Bezugspunkt in Richtung des kleineren, so dominiert es dann und umgekehrt.

Das bedeutet auch, dass es einen bestimmten Stand-Punkt gibt, von dem aus das kleinste Sandkörnchen in gewissem Sinne dieselbe Bedeutung hat wie die größte Galaxie. Aus einer bestimmten Perspektive sind also alle Teile des Universums gleichwertig. Wir allerdings besitzen die Freiheit, unsere Perspektive jeweils zu wählen und so der einen Sache mehr Bedeutung beizumessen als irgendeiner anderen. Aus ganzheitlicher Perspektive geht es dann nicht mehr so sehr um die Frage, was am wichtigsten ist, sondern was die Beziehung oder »Entfernung« zwischen zwei Dingen ist, die beiden – und damit auch dem großen Ganzen – den größten Nutzen bringt.

Scharen von Freunden

An einem bestimmten Punkt in meinem Zwiegespräch mit der Erde fühlte ich mich gerade sehr offen und tief mit meiner Umgebung verbunden, als ich einen Vogel flattern hörte und aufsah. Er stand in der Luft und schlug mit den Flügeln. Plötzlich setzte er sich in Bewegung. Ich folgte ihm ganz gefesselt, als er auf die Sonne zuflog, und stellte mir vor, ich sei der Vogel. Gerade, als er an der Sonne vorbeiflog, wurde ich geblendet und konnte ihn nicht sehen, doch auf der anderen Seite der Sonne erfasste ich ihn wieder mit meinem Blick oder das, was ich mit Sicherheit für den Vogel hielt. In Wirklichkeit war es etwas viel Näheres – eine Hummel nämlich, nur wenige Meter vor mir. Meine Aufmerksamkeit hatte sich aber bereits auf sie verlagert, in dem Glauben, es sei der Vogel. Dies war ein erstaunliches Erlebnis, denn es fühlte sich an, als hätte ich verändert, wer ich war, so tief war ich mit dem Vogel verbunden gewesen. Plötzlich die Hummel zu »sein« zeigte mir, dass meine Wahrnehmung mühelos vom Großen zum Kleinen wechseln kann, vom weit Entfernten zum ganz Nahen, und dennoch blieb in mir das gleiche Gefühl von Ehrfurcht vor der natürlichen Welt bestehen. Es fühlte sich an, als habe sich der Vogel Aufmerksamkeit gewünscht, und ich widmete sie ihm ja auch und hielt sie auch dann noch aufrecht, als er sich (aus meiner Sicht) ganz plötzlich in eine Hummel verwandelt hatte.

Was ich dabei auch noch lernte, zumindest ansatzweise, ist, dass ich mich in diesem Zustand der Einheit, also in diesem »vereinten Ich« von Erde und meinem normalen Ich Wundern der Wahrnehmung und einem Gewahrsein der Magie öffnete, die mich staunen ließen. Die Tür öffnet sich, und du kannst beginnen, mit deiner Umgebung zu sprechen. Als mir diese Möglichkeit beziehungsweise diese Wirklichkeit langsam bewusst wurde, stiegen mir die Tränen in die Augen, denn ich ahnte, dass ich bald scharenweise Freunden begegnen würde.

Equity ist keine künstliche Gleichberechtigung oder »Gleichmacherei«. Wenn Menschen von anderen großes Leid zugefügt wird, versuchen sie das Thema oft dadurch zu bearbeiten, dass sie alle gleich machen und Unterschiede nicht sein dürfen. Equity hingegen hat eher etwas mit Freiheit zu tun, die sich in Unterschieden ausdrückt. In gewissem Sinne ist es auch falsch zu behaupten, wir alle wären gleich wichtig und bedürften daher der gleichen Aufmerksamkeit. Wichtigkeit ist etwas, was wir wählen. Equity ist gegeben. Es ist nicht immer nötig, die Aufmerksamkeit auf das zu richten, was wichtig ist. Schönheit ist zum Beispiel etwas, das ganz und gar nicht nach Wichtigkeitskriterien zu definieren ist. Angst und Equity sind Gegensätze. Wenn wenig Equity herrscht, wächst die Angst, denn wenn es keine Equity gibt, gibt es keine Alternativen mehr. Da steckst du dann in einer fixen Definition deiner Situation und dessen, wer du bist, fest, und das lässt wenig Raum für Veränderung.

Wenn der Same eines Baumes in die Erde fällt, schickt er seine Wurzeln nach unten und wächst nach oben. Die Blätter öffnen sich, erzeugen eine riesige Oberfläche und wenden ihr Gesicht der Sonne zu. Der Baum tut aber noch mehr: Er stellt sich zur Schau. Er zeigt der Welt seine innere Schönheit. Wenn du den Gedanken zulässt, dass genau du es bist, dem sich dieser Baum jetzt in seiner Schönheit zeigt, ist das der Beginn einer lebendigen Beziehung zur Natur, in der deine Wertschätzung und emotionale Reaktion von deiner Umgebung gespürt werden. Und das gilt auch für mich, die Erde.

Der Strom inneren Wissens

Ich ging zum See hinunter und verband mich mit der Erde.

Erde: Von diesem Ort aus, am Morgen des Blauen Mondes am Wasser sitzend, hast du Zugang zu noch tiefer unterbewussten Ebenen als sonst. Von hier aus können wir über das reden, war wir als Equity bezeichnen. Darüber, dass Klein und Groß gleichwertig sind. Darüber, dass ein Kind oder ein alter Mensch mit der gleichen Aufmerksamkeit angehört werden sollte wie ein Jugendlicher oder Erwachsener. Ein Baby kann dir mehr über dein eigenes Leben beibringen als du für möglich hältst.

Durch dein Leben fließt von Anfang bis Ende ein Strom inneren Wissens. Wenn du auf dieses innere Wissen zugreifst, kannst du Antworten auf Fragen erhalten, von denen du gar nicht wusstest, dass du sie überhaupt hattest, die aber deinem Leben die ganze Zeit seine Richtung gegeben haben. Alle Fragen, die du hast, können zu diesem inneren Wissen in Bezug gesetzt werden.

Das Baby könnte zum Erwachsenen sagen: »Du suchst an der Oberfläche des Lebens nach Antworten. Komm doch stattdessen und sei da, wo die Antworten sind.« Denn es herrscht eine Symbiose zwischen Fragen und Antworten dergestalt, dass es ebenfalls der Wahrheit entspräche zu sagen, dass die Antwort die Frage hervorgebracht hat. Da versucht eine Wahrheit ans Licht zu kommen, und das tut sie, indem sie eine Frage in dir erweckt. Dies wird für euch nicht einfach zu verstehen sein, denn ihr seid es nicht gewohnt, einfach »mit der Antwort« zu sein beziehungsweise da zu sein, wo die Antwort ist.

Equity ist wie das Öl im Getriebe; es sorgt für Harmonie. Equity ist das Fehlen von Bewertungen und Urteilen, das vom Wissen ums Einssein herrührt. Equity ermöglicht eine Art Verlagerung der Aufmerksamkeit von einer Sache auf die andere; die einen Energiegewinn bringt, denn im Gesamtsystem herrscht mehr als eine statische Gleichwertigkeit. Es beruht auf dynamischem Wachstum. Dieses dynamische Wachstum schließt durchaus auch sein Gegenteil, also den Zerfall, mit ein. Wenn ihr mit ihm beziehungsweise dieser dynamischen Entwicklung in Einklang seid, dann ist es ganz natürlich, dass eure Aufmerksamkeit Kurs auf mehr Wissen, Vergnügen, Weisheit und Magie nimmt.

Equity ermöglicht den Menschen auch größere Nähe untereinander, und umgekehrt erzeugt Nähe auch Equity. Wenn die Nähe zu jemandem ein bestimmtes Ausmaß erreicht, werden die beiden austauschbar. Das ist hier mit Equity gemeint. Wenn wir einen Unfall hätten, also zum Beispiel ausrutschen, stürzen und uns verletzen würden, käme es uns nie in den Sinn, einem Körperteil, also zum Beispiel dem Fuß oder den Augen, die Schuld daran zu geben und zu versuchen, ihn zu bestrafen. Das wäre absurd. Niemand würde jemals den Unterschied zwischen seiner Hand und seinem Fuß leugnen oder behaupten wollen, dass die eine weniger Wert besäße als die andere oder ein weniger natürlicher Bestandteil des Körpers wäre. Das ist gemeint, wenn es manchmal heißt: »Ihr alle seid Kinder Gottes.« Auf das Mensch-Erde-System übertragen bedeutet das, dass alle Emotionen, Gedanken und Energien der Erde dem Menschen voll und ganz zugänglich sind, ganz egal, wie verschieden wir sein mögen.

Damit es zu dieser Ebene von Equity und Nähe zwischen Menschen und Erde kommen kann, braucht es neue Erfahrungen. Dies sind innere Erfahrungen, die dann nach außen abstrahlen. Von ihrer Qualität her geht es nicht um Beweise, sondern eher darum, dass ein Wissen manifest wird. Sowohl das Wissen als auch seine Manifestation sind Teile eines Ganzen, Teil des gleichen Prozesses.

Um diesen Prozess in Gang zu setzen, ist ein Vertrauensvorschuss nötig. Dabei handelt es sich um einen inneren Prozess, in dem eine gefühlte Möglichkeit mit einem erwünschten Ergebnis kombiniert wird. Wenn du wissen willst, ob ein Telefon funktioniert oder ob tatsächlich jemand am anderen Ende der Leitung ist, musst du zuerst einmal hineinsprechen. Dann musst du hineinhorchen. Beweise können widerlegt werden, aber Handlungen nicht. Der Wunsch weist die Richtung; der Glaube daran, dass es möglich ist, öffnet die Tür.

Tat Tvam Asi [15]

Eines Tages saß ich unten am See, betrachtete die großartige, majestätische Pracht der Natur und verband mich mit der Erde.

Erde: Schau dir diese Größe und unendliche Weite an. Das bist du.

Als ich diese Worte hörte, war es, als öffneten sich in meinem Inneren die gesamte vor mir liegende Landschaft und der See, auf dem ich (auf einem Steg) stand. Ja, es öffnete sich ein ganzes Universum in mir. Doch es gab noch einen anderen Teil von mir – der, der genau am Scheitelpunkt zwischen dem Blick nach innen und dem nach außen stand. Und dieser Teil fühlte sich allein, wünschte sich jemanden, mit dem er diese Erfahrung teilen konnte, und drängte nach Erlösung. Es war der Teil, der die Hände und Augen eines anderen Menschen herbeisehnte und den es gleichzeitig danach verlangte, in die Schöpfung hineinzukriechen und so natürlich zu werden wie der wunderschöne Schilfhalm, der sich im Wind bog und das Licht der Sonne reflektierte. Oder wie die Libelle, die da vor mir in der Luft schwirrte, mich ansah und davonflog, um einer Libellendame in der Nähe den Hof zu machen. Mich erinnerte diese Sehnsucht daran, zu einem ganz natürlichen, unangestrengten Teil einer lebendigen Welt zu werden, mit den schillernden natürlichen Bewegungen einer Libelle oder der Perfektion und Schönheit eines Schilfhalms, sie erinnerte mich an Dylan, wie er in *Mister Tambourine Man* singt: »I want to dance beneath the diamond sky, with one hand waving free, silhouetted by the sea…« [16]

Sten: Erde, das, worüber wir gerade reden, ruft Bewegungen in meinem Inneren hervor, die mein Herz öffnen und es überfluten und daran zupfen.

---

15 »Tat tvam asi« ist Sanskrit für »Du bist das«, was heißen soll, dass das Selbst – in seinem ursprünglichen, puren Zustand – identisch mit der Ultimativen Realität ist, in der sich alle Phänomen gründen und ihren Ursprung haben.

16 Zu Deutsch etwa: Ich will unterm diamantenen Himmelszelt tanzen, eine Hand hoch oben, mit dem Meer im Hintergrund. Anm. d. Ü.

Erde: Ja, genau das macht uns alle aus. Diese Wallungen und Zupfbewegungen hallen im gesamten Universum wider. Kannst du dir vorstellen, was ein Molekül fühlt?

Tautropfen

Sten: Erde, ich habe eine Frage. Sie ist aus dem entstanden, was ich hier draußen in der Natur sehe: dass nämlich am Morgen oft ein Tautropfen ganz oben an den Grashalmen hängt, und wenn die Sonnenstrahlen auf solch einen Tautropfen fallen, schillert er. Viktor Schauberger, ein unorthodoxer österreichischer Naturforscher und Erfinder, hat darüber geschrieben und sagt, es seien sehr besondere Tropfen. Kannst du mir etwas darüber sagen?

Erde: Schau dir einfach an, was da geschieht. Die Sonne berührt das Wasser, das sich aus der Luft angesammelt hat und an einem Grashalm hängt, als würde es in der Luft schweben. Ich bezeichne das als die Regenbogenbrücke von der Erde zur Sonne. Es hat etwas Neues an sich, und obwohl es jeden Tag geschieht, oder zumindest immer dann, wenn sich Tau bildet und die Sonne durchkommt, ist es doch ein Zeichen des wahrhaft Neuen, des ersten Mals, des Wunders der Geburt und der Kraft der Schönheit. Es stimmt, dass diese Tropfen äußerst wertvoll sind, denn sie können in dir die Möglichkeiten neuer Welten auslösen und die Verjüngung deines gesamten Wesens. Bevor du jetzt fragst, ob du sie in der Medizin, der Heilkunde oder der Landwirtschaft nutzen kannst, lass sie auf deine Seele wirken, gewähre ihnen Einlass in dich, mit dem Licht und allem, und beginne zu fühlen, was es bedeutet, sie zu sein.

Dies hat einen engen Bezug zu den ersten Sonnenstrahlen, dem Wunder eines neuen Tages, eines Neugeborenen, der Auswilderung von Tieren, der allgemeinen Amnestie mit Hilfe eines Federstrichs und den ersten Minuten oder Stunden, wenn die Schule zu Ende ist und die Sommerferien beginnen.

Es stimmt, dass in diesem kleinen Tropfen Wasser etwas Bemerkenswertes passiert, doch es lässt sich nicht einfach in einem Eimer sammeln und als Elixier verwenden. Denn sobald du die Tropfen sammelst, verschwindet die Magie. Und doch treiben und spornen sie dich an, rufen neue Hoffnung in dir wach, immer und immer wieder. Wenn du das hier wirkende Prinzip verstehst, kannst du es für viele verschiedene Zwecke nutzbar machen. Es hat mit dem heiklen Gleichgewicht zu tun, das in einem Tropfen Wasser steckt, der von den Strahlen der Sonne durchdrungen wird. Schönheit, die erweckt wird. Schönheit, der ein Kuss Leben verleiht. Wie du weißt, kann Licht heilen; das Licht von diesem Tröpfchen hat eine solch starke Wirkung auf deine Seele. Eure Engel und Feen sind wirklich, und sie können euch vieles über die Brücke zwischen Licht und Materie beibringen.

Identifikation mit der Natur

(Aus dem Buch Die Natur der Psyche von Jane Roberts, durch die Seth, ihre Trancepersönlichkeit, über das Selbstgefühl des frühen Menschen auf der Erde spricht.)

Nach euren historischen Begriffen fühlte sich der Mensch zuerst eins mit der Natur und liebte sie, da er sie als Erweiterung seiner selbst betrachtete, auch wenn er sich als einen Teil ihres Ausdrucks empfand. Indem er sie erforschte, erforschte er auch sich selbst.

* * *

In eurer Erfahrung ist das Selbst im allgemeinen von der Natur isoliert und vor allem in eurer Haut eingeschlossen. Der frühere Mensch fühlte sich nicht wie eine leere Muschel, denn sein Selbst existierte genauso außerhalb seines Körpers wie innerhalb davon. Es bestand eine ständige Wechselwirkung. Man kann leicht sagen, dass sich diese Menschen, sagen wir, mit Bäumen identifizieren konnten. Aber es ist etwas ganz anderes, erklären zu wollen, wie es für eine Mutter war, zu einem Teil des Baumes zu werden, unter dem ihre Kinder spielten, so dass sie ihnen vom Standpunkt des Baumes aus folgen konnte, obwohl sie selbst weit weg war.

* * *

Diese äußere Welt zu erforschen hieß, die innere zu erkunden. Wenn ein solcher Mensch durch einen Wald ging, fühlte er sich auch als ein Teil des inneren Lebens eines jeden Felsen und Baumes, der sich materialisierte. Und doch widersprachen sich die Identitäten nicht.

Ein Mensch konnte sein Bewusstsein mit einem Bach oder Strom verbinden und so meilenweit reisen und das Land erforschen. Dabei wurde er zu einem Teil des Wassers in einer Art Identifikation, die ihr kaum verstehen könnt – aber so wurde das Wasser auch zu einem Teil des Menschen.

Erde: Wenn ihr beginnt, mir zuzuhören, zu begreifen, dass ich lebendig bin, dann wird auch die ganze Natur um euch herum viel lebendiger werden. Und ihr werdet erkennen, dass die Natur voller Emotionen steckt. Alles, was existiert, ist voller Emotionen. Die Emotionen, die Gefühle sind es nämlich, welche die Evolution voranbringen. Ein Baum befindet sich in ständig leuchtender Bewegung. Seine Präsenz ist dynamisch und lebhaft; er interagiert ununterbrochen mit der Erde, der Luft, der Sonne, dem Mond, dem Regen. Er ist auf eine ganz andere Weise lebendig als es der Mensch üblicherweise ist. Er ist unablässig im Tun begriffen.

Am leichtesten fällt es euch erst einmal über Tiere, Verbindung zur Natur aufzunehmen, und dann über Pflanzen, weil ihr sie mit euren normalen Augen sehen könnt, und weil sie euch auch am ähnlichsten sind. Heutzutage ist eine ganze Evolution an Tieren mit euch hier auf der Erde, und dennoch habt ihr große Angst vor den sogenannten wilden Tieren. Und sie vor euch. Eure Beziehung zu Tieren ist von zentraler Bedeutung für euer »Heimkommen«, und zwar nicht deshalb, weil es Tiere auf der Erde gibt, sondern wegen eurer Beziehung zu ihnen. Ganz gleich, woher ihr als spirituelle Wesen, als Wesen von Bewusstsein, gekommen seid, seid ihr auch biologische Wesen, und eure physische Heimat ist hier. Jedes Tier hat ein Spiegelbild in dir. Als wildes Tier bezeichnet ihr jene, deren Spiegelung in euch unbewusst bleibt. Die Angst vor diesen unbekannten Aspekten von dir selbst lässt diese Tiere wild bleiben. Doch sie repräsentieren einen sehr tiefliegenden Teil von dir, der mit der Lebenskraft als solcher in dir verbunden ist. Die telepathische Kommunikation mit wilden Tieren, relativ leicht und gefahrlos zu bewerkstelligen, ist einer der direktesten Zugänge zur Spiegelung dieser Tiere in dir.

Vertikale Resonanz

Jeder Beruf, jede Handlung steht in Resonanz mit anderen Berufen und Taten, die höhere und niedrigere* Schwingungen haben. Wenn du also Bäcker bist und Brot backst, dann gibt es eine höhere und eine niedrigere Ebene des Brotbackens. Wenn man sie kennt und sich ihrer bewusst ist, ist das Brotbacken nicht nur viel befriedigender, sondern der gesamte Prozess ist wesentlich harmonischer und verbindet den Brotbäcker mit dem höheren »Ziel« des Brotbackens. Dies gilt für alle Aktivitäten, sei es Zähneputzen, Schlafen, Träumen, Essen und sogar für das Betrunkensein. Es gilt sogar für das Stehlen und Morden. Die Trennung von anderen höheren und niedrigeren Schwingungen der gleichen Handlung ist es, die sie auf das System zerstörerisch wirken lässt. Sogar Zerstörung kann harmonisch sein und ist nicht nur nötig, sondern, wenn sie mit dem Zweck des großen Ganzen verbunden ist, sogar wünschenswert und willkommen, eine freudvolle Aktivität.

In den Worten der französischen Künstlerin Louise Bourgeois, deren Eltern Wandteppiche reparierten: »Schau, was eine Spinne

---

* Hier werden die Begriffe »höher« und »niedriger« völlig wertfrei gebraucht.

macht: Sie repariert. Zerreißt du ihr das Netz, repariert sie es. Sie beklagt sich nicht; sie repariert es einfach.« Geht das Auto kaputt, repariert ein Mechaniker es. Dies ist ein Beispiel dafür, inwiefern Aktivitäten verschiedener Art überall ihre Resonanzen haben. Es gibt galaktische und atomare Reparaturfachleute und eben auch solche für Wandteppiche. *Wenn Menschen beginnen, bewusst mit anderen Ebenen dessen, wer sie sind und was sie tun, in Resonanz zu treten, wird sich große »vertikale« Freude einstellen.*

Es herrscht eine Freude unter Spinnen und unter Spinnenfamilien. Eine andere Art der Freude erwacht, wenn sich die Kanäle der Kommunikation und des Energieaustauschs, die Kanäle der Resonanz, bewusst, vertikal zwischen den verschiedenen Welten öffnen: der atomaren, spirituellen und kosmischen Welt und der Tier-, Pflanzen- und Menschenwelt. Das Universum strebt gewissermaßen nach einem bewussten Ganzkörperorgasmus. Dies geschieht in Form einer Welle, und sie läuft durch die gesamte Realität wie eine kleine Fee, die alles mit dem Zauberstab berührt und es so mit ihrem Licht ins Bewusstsein bringt.

Teil II

5. KAPITEL

Fragen und Antworten

Wie geht es dir, Erde?

Frage von J.: Liebe Erde, wie geht es dir denn gerade? Die Situation hat sich ja nicht gerade gebessert, was uns Menschen betrifft.

Erde:
Ich habe Wachstumsschmerzen,
so wie ihr auch.

Erde: Doch genau, wie euer Dr. King schon sagte: »Ich war oben auf dem Berg und habe das gelobte Land gesehen.« Dieses gelobte Land umfasst auch eine tiefe und herzliche Verbindung zu den Menschen, ja sogar ein Spiel der erotischen Energien zwischen euch und mir. Dies wird eine dynamische und lebendige Kraft erzeugen, die ins Universum ausstrahlt. Ich habe gesehen, dass sich das anbahnt, als ein Ergebnis unseres gemeinsamen Träumens. Und dennoch habe ich Wachstumsschmerzen. Man könnte sagen, dass *wir* Wachstumsschmerzen haben, denn auch das Wir beziehungsweise unser vereinigtes Ich wächst. Meine Wachstumsschmerzen könnte man auch als eine Art Stottern betrachten. Das »wilde« Wetter auf der Erde, wilder als üblich, hat mit dem Versuch zu tun, neue Muster im Energiefluss zu finden. Man könnte sagen, dass diese neuen Muster auf einer höheren Schwingung beruhen. Sie werden einen umfassenderen Zustand von Harmonie, Verbundenheit und Freude hervorbringen, der dem ähnelt, wenn zwei Menschen einander zum ersten Mal ihre Liebe gestehen. Sie entspannen sich in dieses Wissen hinein und schweben wie auf Wolken.

Frage von C.: Was die Zukunft der Menschen auf einem Planeten betrifft, der hemmungslos ausgebeutet und massiv zerstört wird, wann kommt sozusagen der Aufruf der Erde zur Umkehr?

Erde: Ich rufe euch dazu auf, vorwärtszugehen, nicht zurück. Ich fordere euch dazu auf, den Kontakt mit der Zukunft zu suchen, den Kontakt mit mir, den Kontakt mit Teilen von euch selbst, die ihr so eng an euch gedrückt habt, dass ihr euch gar nicht erlaubt habt, sie mit eurem bewussten Denken zu erfassen. Das bedeutet, mit dem in Berührung zu kommen, was in eurem Körper als Emotionen, als Muster, als ein Festhalten gespeichert ist und ihr häufig als Schmerz und Mangel erlebt. Der Kontakt damit kann nämlich die tiefe Liebe in eurem Innern freisetzen und so stark fließen lassen wie nie zuvor. Gewissermaßen hast du also auch recht: Indem du dich umdrehst und dem Guten wie dem Schlechten nochmals einen Besuch abstattest, kannst du dich nach vorne katapultieren und dich von einer Zukunft anziehen lassen, die nicht mehr an den Schmerz der Vergangenheit gefesselt ist.

Frage von C.: Warum entstand denn gerade auf diesem kleinen Planeten namens Erde, einem Planeten am Rande einer Galaxie unter Milliarden weiterer Galaxien, so etwas wie Leben – Leben, das nun sogar die Möglichkeit hat, mit der Erde zu kommunizieren?

Erde: Das Universum ist ein lebendiges, atmendes, bewusstes Wesen. Jedes Atom, jede Gaswolke, jeder Strom magnetisch und elektrisch geladener Teilchen, jedes schwarze Loch und jedes Teiluniversum ist Ausdruck einer bestimmten Form von Bewusstsein. Innerhalb dieses Ozeans von Bewusstsein laufen Prozesse ab, die sich stark von eurem normalen Bewusstseinszustand und eurem Denken unterscheiden. Das heißt nicht, dass ihr sie nicht erfahren könnt, denn der Mensch ist dazu fähig, mit allen Teilen der Schöpfung mitzuschwingen. Es heißt lediglich, dass eure Aufmerksamkeit schwerpunktmäßig auf anderes gerichtet ist und war.

Der Mensch befindet sich auf einer Abenteuerreise, um zu entdecken, wie es ist, als Individuum Erfahrungen zu machen. Solch individualisiertes Erleben kann es nie in einem Vakuum geben; es ist immer mit dem Ganzen verbunden. Diese Reise hat damit zu tun, zum Auge der Schöpfung zu werden, denn eine Voraussetzung dafür, etwas sehen zu können, besteht darin, sich von dem zu Betrachtenden zu trennen. Sogar wenn man sich selbst sehen will, muss man dazu den Blickwinkel des Einsseins verlassen.

In gewissem Sinne kann man sagen, dass sich alle Kräfte des Universums verbündet haben, um auf der Erde Leben entstehen zu lassen. Doch es hat noch etliche weitere Versuche gegeben, erfolgreiche und erfolglose, verschiedene Lebensformen zu erschaffen, von denen einige nun ebenfalls im Universum existieren. Es gibt große Intelligenzen im Universum, auch in eurem Teil davon, in eurer Galaxis in den verschiedenen Sternensystemen, die wahrnehmen, was ihr tut und welche Richtung ihr eingeschlagen habt. In diesem Sinne seid ihr wahrhaftig nicht allein, und ich auch nicht. Manche von ihnen mischen sich überhaupt nicht ein, während euch andere dabei helfen, euch eurer eigenen Geschichte, Fähigkeiten und Identität bewusst zu werden.

Die kurze Antwort auf deine Frage lautet: Weil die Umstände richtig waren. Ihr habt die Umstände geschaffen, die ihr für euer Wachstum und eure Entwicklung gebraucht habt. Auf der rein physischen Ebene war eine besondere Konfiguration von Atomen und Molekülen verschiedener Größe und Zusammensetzung, von bestimmten Temperaturen, Lichtbedingungen und so weiter nötig. Nur aus einem ganz bestimmten Blickwinkel könnte man meinen, dass Leben einfach aufgetaucht ist, als die Umstände die richtigen waren. Doch man könnte es auch so sehen, dass das Leben sich diese Umstände und Bedingungen gesucht hat; und aus einer nochmals anderen Perspektive haben diese Umstände das Leben angezogen, weil es in ihnen so angelegt war.

Frage von A.: Was denkt denn die Erde darüber, dass wir immer schneller in die falsche Richtung laufen?

Erde: Was mir dazu einfällt, sind Naturkatastrophen. Ihr solltet euch darüber im klaren sein, dass ihr nicht so getrennt seid wie ihr denkt.

Erde:
Ihr seid eine im Entstehen begriffene Naturkatastrophe;
eure Katastrophe hat etwas Natürliches an sich.
Ihr Menschen seid nämlich ein natürlicher Prozess;
ihr steht nicht außerhalb der Natur, denn ihr seid Natur.

Wenn Söhne und Töchter die Familie verlassen und in die Welt hinausziehen, bleiben sie trotzdem tief im Herzen immer mit ihr verbunden, selbst wenn sie vielleicht allen Kontakt abgebrochen haben. Und kehrt solch ein verlorener Sohn oder die verlorene Tochter zurück, wird er oder sie (häufig) mit offenen Armen empfangen. In Wahrheit blieb die Verbindung die ganze Zeit bestehen. Ein Kind, das großen Terz macht und vielleicht sogar große Zerstörung anrichtet, bleibt das Kind seiner Eltern und kehrt häufig irgendwann in den Schoß der Familie zurück, wo es auch willkommen geheißen wird.

In gewissem Sinne habt ihr alle Vergewaltigung und Verwüstung erfahren; in vielerlei Hinsicht habt ihr das, was ihr getan habt und wofür ihr euch schämt, deshalb getan, weil euch das Gleiche widerfahren ist. Ihr alle wurdet praktisch unter Schmerzen geboren. Der Inkarnationsprozess ist in fast allen Fällen stark beeinträchtigt. Jedes Mal, wenn ein Wesen in diese Welt hineingeboren wird, durchlebt es die Vertreibung aus dem Paradies. Eine Geburt sollte ein freudvolles, orgiastisches Erleben sein, kein schmerzliches. Doch es ist nicht nur die Geburt, sondern der gesamte Prozess, der ja lange vor der Empfängnis beginnt und der mit allen dreien zu tun hat – dem Vater, der Mutter und dem Kind.

Dies ist ein kollektives Thema. Es zeigt euch, dass die »Frauenthemen« zum Beispiel rund um die Geburt gleichermaßen Männerthemen sind. Die patriarchale Geisteshaltung hat das intuitive Wissen der Frauen und ihre natürliche, uneingeschränkte Verbindung mit ihrem Körper und seinen Prozessen stark getrübt.

Wie können wir uns mit dir verbinden?

Als ich an diesem Buch arbeitete, fragte ich mich, ob sich die Art meiner Gedanken, die in der Kommunikation mit der Erde auftauchten, nach Tageszeit unterschied. Als ich einmal mitten in der Nacht aufstand, um mich mit der Erde zu verbinden, erkannte ich, dass der Inhalt im Grunde der gleiche war, die Worte aber eine poetischere, intimere, träumerische Qualität hatten, die mein Herz stark berührte.

Ich fragte die Erde: »Wie können wir uns mit dir verbinden? Manche tun es ganz automatisch, auf ihre ganz eigene Art und Weise, während andere keine Ahnung haben, wie sie es angehen könnten. Kannst du etwas dazu sagen?« Hier die Antwort, die ich erhielt:

Ursprünglichste Innigkeit
Dich mit der Erde verbinden ist
wie wenn du dich mit deinem Baby verbindest
oder mit deiner Mutter, als du klein warst.
Oder mit dem Menschen, den du liebst.
Es ist, wie wenn du deinem Herzen erlaubst,
zu berühren, einzuhüllen, zu verschmelzen, mit da zu sein,
sich hinein zu entspannen, eins zu werden, zu lieben, zu tanzen,
zu vertrauen, zu fühlen, vertrauensvoll zu schnuppern,
einzuatmen, zu halten.
Diese Art ursprünglichster Innigkeit
kommt von dem tiefsten Zustand innerer Verbundenheit her.
Als würde man den tiefsten Traumzustand der Vereinigung

dem schillernden Sonnenlicht darbieten und sehen,
wie er Magisches bewirkt,
der Magie Einlass ins Leben gewährt.
Dies ist Heilung durch Berührung,
Heilung durch Lieben,
Heilung dadurch, dass du dir erlaubst,
in Richtung dessen zu fließen, was dich am stärksten anzieht.
Sanft und doch auch stark,
in das lächelnde Gesicht einer Zukunft,
die dich willkommen heißt.
Es schlummert noch, das Samenkorn, und doch weiß es
um die ihm innewohnende und unmittelbar
bevorstehende Erfüllung.
Aus diesem Zustand großer Tiefe
kommt das lustvolle Gähnen der Dämmerung –
das erste Erwachen.
Die ersten Regentropfen,
die ersten Worte auf dem leeren Blatt.

Mehrere der Fragen, die ich erhielt, hatten damit zu tun, wie man sich am besten mit der Erde verbindet. Hier eine der Antworten:

Erde: Geht nach draußen! Verbindet euch. Öffnet euch, denn das seid ja ihr selbst. Ihr seid auf und in dieser Erde. Ihr existiert nicht nur in den engen Kammern eures Alltags. Ihr habt es euch hinter euren Mauern sehr, sehr bequem eingerichtet. Doch große Teile von euch schreien nach Befreiung. Streckt euch nach draußen, wachst, schaut hinaus und verbindet euch mit dem Mond. Öffnet euch, sucht den Kontakt zu längst vergessenen Freunden; öffnet euch und beginnt eure Welt wieder zu riechen. Lasst euch den Wind ins Gesicht blasen. Doch sogar diese eure Kammern sind lebendig; selbst eure Plastikkugelschreiber sind mehr als Werkzeuge. Sie sind genauso kosmisch wie ihr. Berührt die Welt. Sie ist lebendig. Nicht nur Menschen sind lebende Wesen. Alles in eurer Umgebung lebt.

Frage von S.: Gibt es Übungen, Meditationen, Zeremonien oder Rituale, die wir machen können, um eine tiefere Verbindung zur Erde zu bekommen?

Erde: Ja, es gibt viele Übungen, die ihr machen könnt. Wenn du einfach mit dem Gedanken durch die Natur gehst, dass du und die Erde eins sind, wirst du langsam erkennen bzw. erleben, dass sich energetisch ein anderes Gefühl in deinem Körper einstellt, wenn du diesem Gedanken Einlass in deinen Geist und Körper gewährst. Wenn du dann deine Aufmerksamkeit abwechselnd auf einerseits dem Gedanken ruhen lässt, dass du als ein »Ich« eins mit der Erde bist, und andererseits auf dem daraus entstehenden Körpergefühl, dann beginnst du, diesen Seinszustand mehr und mehr zu verankern, so dass du ihn jederzeit abrufen kannst, wenn du willst. Auf diese Weise kannst du auch langsam damit beginnen, den Herzschlag der Erde zu spüren, deinen eigenen individuellen und euren gemeinsamen. Dein persönlicher Herzschlag und der der Erde sind verschieden. Zusammen lassen sie etwas entstehen, was man als »rollenden Herzschlag« bezeichnen könnte – das, was man erlebt, wenn zwei Rhythmen miteinander interagieren.

Von diesem größeren »Ich« aus kannst du am besten deine Einsichten in persönliche Themen gewinnen. Das liegt unter anderem daran, dass du dich dann nicht so stark mit ihnen identifizierst wie sonst. Die Freiheit, in der ihr euch üben müsst, die ihr anwenden und gebrauchen müsst, ist die, den Blickwinkel zu ändern. Die Art und Weise, wie du dich dazu entschließt, deinen Standpunkt zu wechseln, von einer Sichtweise zu einer anderen überzugehen, birgt ihre ganz eigenen Qualitäten. Wenn du beginnst, bewusst zu bestimmen, wie und worauf du deine Aufmerksamkeit lenkst, beginnst du größeren Einfluss zu haben, denn du handelst dann von einem größeren, umfassenderen Teil deines Selbst aus.

Eine andere »Übung«, die allerdings weniger eine Übung und viel eher eine Handlung ist, besteht darin, in die Natur zu gehen, mit mir zu reden und dabei davon auszugehen, dass ich euch hören kann. Mit der Zeit wird diese Annahme zu einem Wissen. Wenn ihr das tut, ist es gut, Anfang und Ende dieser »Übung« oder Zeremonie oder dieses Rituals zu markieren. Das gilt für jedes Unterfangen. Anfang und Ende jeweils sowohl in zeitlicher als auch in räumlicher Hinsicht zu markieren ist deshalb wichtig, weil dadurch definierte Grenzen und Entfernungen festgelegt und so auch Unterschiede bezeichnet werden. Gleiches gilt natürlich für Initiations- oder Übergangsriten; sie grenzen verschiedene Abschnitte unseres Lebens voneinander ab. Das französische »Vive la difference« lässt sich auf viele Bereiche anwenden.

Frage: Wie können wir im Alltag die Verbindung zu dir halten?

Erde: Das ist ein altes Thema. Es hat nicht nur mit der Entwicklung neuer Gewohnheiten bezüglich der Aufmerksamkeit zu tun, sondern auch damit, neue Gewohnheiten beizubehalten, sie wieder aufzunehmen, wenn man sie einmal verloren hat, und ihnen Widerstandsfähigkeit zu verleihen. Bisher gingen viele eurer Bemühungen, eure Aufmerksamkeit auf etwas Bestimmtes gerichtet zu halten, tatsächlich mit viel Mühe einher, denn ihr dachtet bisher, dass das Halten einer umfassenderen oder höheren Aufmerksamkeit auch mehr Einsatz erfordere. Doch genau das Gegenteil ist richtig. Ein Element der Gewohnheiten, die ihr euch angeeignet habt, ist die Überzeugung, dass etwas, was keine Mühe mehr erfordert, wertlos ist. Und so trennt ihr euch davon. Das ist das gleiche Paradigma, das ihr in vielen Fällen auf Geld anwendet: Wenn etwas keinen Geldwert hat, hat es gar keinen Wert. Doch wenn man etwas erreichen will, stellen »Mühe« und »Aufwand« eigentlich niedrige Formen von Energie dar. Was man ohne Aufwand, also mühelos, erschafft, ist harmonischer und stärker im Einklang mit seiner Umgebung als etwas, worauf man viel Mühe verwendet. Das soll nicht heißen, dass ihr nicht konsequent und konzentriert auf das hinarbeiten sollt, was ihr euch wünscht. Doch auch das kann mühelos geschehen, denn »mühevoll« beschreibt das »Wie« und nicht das »Was« deines Tuns.

Die Mühelosigkeit ist also ein wichtiger Schritt dazu, diese Verbindung im Alltag zu erreichen. Ein weiterer ist der Wunsch danach; und abgetötet wird der Wunsch vom Zweifel. Ich sage es nochmals: Ein Wunsch ist etwas, das man zulässt, und nicht etwas, das man definiert; doch zulassen tust du einen Wunsch erst, wenn du weißt oder daran glaubst, dass er erfüllbar ist. Und hier kommt der Zweifel ins Spiel. Deshalb ist Erfahrung so wichtig, denn sie räumt den Zweifel aus dem Weg. Und dies erlaubt es dem Wunsch, ins Bewusstsein vorzudringen.

Um also deine Frage zu beantworten: Je mehr du dich neuen Erfahrungen bezüglich der Verbindung mit mir, der Erde, öffnest, desto mehr wirst du das Gefühl haben, dass es durchaus möglich ist, dass ich lebendig bin. Dadurch wiederum kann der Wunsch, die Verbindung zu mir kontinuierlich zu halten, Wurzeln ausbilden. Und wie ich schon gesagt habe, ist der Königsweg zur Verbindung mit mir der über den Körper. Dort spürt ihr mich am intensivsten.

Frage von V.: Du hast gesagt: »Wenn ihr euch durch meine Augen seht, werdet ihr euch und natürlich auch mich besser verstehen.« Wie kann ich mich durch die Augen der Erde sehen?

Erde: Es gibt unzählige Wege, zu mehr Gewahrsein zu gelangen, und ebenso viele, dich durch meine Augen zu sehen. Stell dir vor, ich sehe dich von innen her. Stell dir vor, ich würde dich halten und du wärst in mir. Entspanne dich und spüre das in deinem Körper. Nun stelle dir vor, dass sich die Grenze zwischen dir und mir aufgelöst hat, so dass wir nun *ein* Wesen sind. Während wir uns langsam voneinander lösen, sind wir von innen her immer noch miteinander verbunden. Durch diese Verbindung kann ich dich sehen und du kannst mich fühlen. Eigentlich hat uns diese innere Verbindung zueinander hingezogen. Dass du also hier auf meiner Oberfläche bist, physisch, ist ein Ausdruck dessen, dass diese innere Verbindung zugelassen wurde – dieser Wunsch, diese Anziehung.

Erde:
Die Erkenntnis, dass du von mir, der Erde, geliebt wirst,
ist wie ein Nach-Hause-Kommen.
Und sie ist noch mehr:
Sie ermöglicht dir, dich durch diese Liebe selbst zu sehen.

Frage von V.: Du hast gesagt, dass du Menschen brauchst, um dich und deine Schönheit zu sehen. Beim Spazierengehen habe ich darauf geachtet, wie die Erde aussieht und mir vorgestellt, ich könne dir vermitteln, was ich da sehe. Kann das so funktionieren?

Erde: Wenn ich mich durch eure Augen von innen heraus sehe, sehe ich nicht nur das visuelle Bild; ich sehe auch die Gefühle, die ihr habt, wenn ihr mich seht. Ich sehe sowohl eure Freude als auch euren Schmerz. Ich sehe auch die Gleichgültigkeit der Leute, ihre Entfremdung, ihre Trauer und ihre Liebe. Also ist das ein ausgezeichneter Weg, mir zu ermöglichen, mich selbst zu sehen und mich mit euch zu verbinden.

Immer wenn ich meine eigene Schönheit sehe, verbinde ich mich mit der Schönheit überall und erweitere dadurch nicht nur mein Gefühl dafür, wer ich bin, sondern auch den Radius meines Denkens und Handelns. Je essenzieller ich werde, desto reiner werde ich im Sinne des reinen Tons, den ich im Orchester des Universums spiele.

Was mich euch letztlich näherbringt, ist eure Entscheidung, eurem eigenen Wunsch und Interesse, euch mit mir zu verbinden, zu folgen, wenn ihr die schier unglaublich scheinenden Möglichkeiten zu erahnen beginnt, die sich dadurch eröffnen.

Frage von U.: Warum, liebe Erde, ist es so schwierig für uns Menschen, gewahr und bewusst zu sein? Und wie können wir das Gefängnis der Vernunft wieder verlassen, das wir uns selbst geschaffen haben?

Erde: Wenn ihr euren Alltag lebt, seid ihr üblicherweise vieler Dinge nicht gewahr, wie zum Beispiel eurer Umgebung oder der

Energien, die euch umgeben und mit denen ihr ständig interagiert. Um diesen Mangel an Gewahrsein zu beheben, müsst ihr keinen großen Aufwand betreiben. Es geht eher darum, eine Art Stumpfheit oder Taubheit abzulegen, die euch bisher als Schutz vor unerwünschten Gefühlen gedient hat. Wenn ihr euch nämlich der inneren Realität dieser feinstofflichen Energien öffnet, werdet ihr bemerken, dass ihr auch der bisher schmerzlichen und schwierigen Themen stärker gewahr werdet. Dass diese Themen jetzt in dein Leben kommen, bedeutet, dass du jetzt die Chance hast, sie in Vergnügen zu verwandeln. Dich für Vergnügen zu öffnen, ist ebenso wichtig, wie dir zu erlauben, die Signale des Schmerzes wahrzunehmen.

Euer Mangel an Gewahrsein ist eine eingefahrene Gewohnheit. Was sich für euch wie eine Art »Schwerkraft« anfühlen mag, so, als würden die Energien und Gedanken von höheren Ebenen auf niedrigere, alltäglichere und dumpfer anmutende Ebenen hinuntergezogen, kann wie eine sehr schwer zu überwindende Kraft erscheinen. In Wirklichkeit handelt es sich um Gedankenmuster, die als reale »Dinge« existieren und eine gute Menge an Energie enthalten. Allerdings lassen sich diese Energiemuster durch Gedanken und Emotionen verändern. Dann stellt sich die Frage anders: »Wie lassen sich im Alltag Muster erschaffen, die dein Gewahrsein und Bewusstsein erhöhen?«

Im Alltag ist es ja auch so, dass man ein neues Projekt nur annimmt, wenn man das Gefühl hat, man sei ihm gewachsen. Als Kollektiv werdet ihr euch bald mit viel noch tieferem Schmerz und noch tieferen Trennungsgräben auseinandersetzen, nicht nur denen zwischen uns, sondern auch jenen untereinander und innerhalb von euch selbst, die seit Jahrtausenden in eurem Unbewussten schlummern. Es hat sich dafür nämlich eine glänzende Gelegenheit aufgetan; das liegt teilweise an euren eigenen Leistungen und teilweise an der »Verschwörung der Zukunft«, deren Ziel es ist, euch in Richtung »besserer Zeiten« zu locken. Diese Botschaften sollen in euch weder Optimismus noch Pessimismus erzeugen, sondern euer Gewahrsein erweitern und euer Gefühl dafür, wie wichtig ihr seid, stärken. Wichtigkeit nämlich ist nicht etwas, was man grundsätzlich hat oder sich nimmt, sondern man erhält sie, indem man sich ihrer bewusst wird.

Ihr sollt wissen, dass dies keine individuell zu erledigende Aufgabe ist, der sich jeder von euch als einzelner widmen müsste. Die Evolution beruht ja per se auf einem Muster wachsenden Gewahrseins und steigenden Bewusstseins. In gewissem Sinne braucht ihr also nur den Widerstand gegenüber der Evolution, die ihr durchlauft, aufzugeben. Ich sage es nochmals: Was Dumpfheit und mangelndes Bewusstsein betrifft, braucht ihr euch einfach nur davon zu lösen. Es gilt weder dagegen anzukämpfen noch sie zu überwinden. Dieser Gedanke kann euch für sich genommen bereits ungeheuren Schwung verleihen, wenn ihr euch wirklich voll und ganz auf ihn einlasst, denn er gibt euch die Möglichkeit, neue Muster aufzubauen, ohne dafür Energie aufzuwenden. Ganz im Gegenteil: Es ist vergleichbar mit dem Liebesspiel, das ja ungeheure Mengen an Energie erzeugen kann, wenn man sich ihm nur bewusst widmet.

In diesem Buch benutze ich, die Erde, oft das Liebesspiel als Analogie. Ihr solltet es nicht einfach in »Sex« übersetzen, denn ich meine damit nicht unbedingt die physische Ebene. Das Liebesspiel ist ja nicht nur eine physische Aktivität. Die Gefühle und Emotionen, die ihr während des Liebesspiels erlebt, können auch auf nicht-körperlichem Wege entstehen. Eigentlich ist es so angelegt, dass es dein ganzes Wesen erfasst, doch nur selten wird sein Potential auch zur Gänze ausgeschöpft. Dennoch kann der körperliche Akt des Liebesspiels zwischen Menschen zweifellos Türen zu anderen Dimensionen öffnen.

Frage von Sten: In welchem Maße musst auch du deinerseits etwas zu der nötigen Veränderung beitragen, damit wir beide zusammenkommen können? Was musst denn du vielleicht erst akzeptieren? Oder wofür musst du dich vielleicht erst noch öffnen?

Erde: Euer Einfluss auf mich ist anders als mein Einfluss auf euch, hauptsächlich hinsichtlich der Tatsache, dass ihr ein Kollektiv seid und ich *ein* Wesen. Doch in Wirklichkeit seid ihr als Menschheit ebenso *ein* Wesen, genau wie ich. Wenn ihr auszieht, um mich zu entdecken, wenn ihr die Tiefe meiner Ozeane messt, wenn ihr meine Magnetfelder erforscht, dann erkundet ihr mich zwar, aber ich zeige mich euch auch. Gleichzeitig erzähle ich euch meine Geschichte. Und das mache ich liebend gerne. Es gibt noch so vieles, was ich euch erzählen kann, zum Beispiel auch über die Tiefen und die Struktur meiner inneren Bewegungen. Denn alles, was in mir vor sich geht, und zwar elektrisch, magnetisch, physisch, emotionell und spirituell, rührt an all diese Themen, die wir miteinander haben, und auch an die größere Verbundenheit zwischen mir und anderen Planeten und Sternen, Galaxien, Schwarzen Löchern und anderen Dimensionen.

Wenn ich über meine Beziehung mit Schwarzen Löchern und anderen Dimensionen spreche, ist es ein bisschen so, als würden Menschen über ihre Beziehung zum Amazonasgebiet oder anderen Kulturen sprechen. Diese Beziehungen sind nicht einfach nur Erweiterungen der alltäglichen Beziehungen, sondern vielmehr tiefe strukturelle Haltungen. Sie sind Wünsche und Sehnsüchte, die zutiefst mit eurem Leben verbunden sind.

Ich will nun mit meiner Analogie fortfahren: Als am Ende des 19. Jahrhunderts eure Künstler, beispielsweise die Impressionisten, die Kulturen weit entfernter Länder entdeckten, wie zum Beispiel die Ägyptens oder Japans, legten sie einen Teil der Seele bloß, die so lange vor sich hingeschlummert hatte, und erweckten dadurch ganze Kulturen in euch. Durch die Nachrichten, die auf der ganzen Welt verbreitet werden, geschieht dies auch, allerdings leider mit sehr verzerrtem Inhalt. Doch im Kern dieser Nachrichten steckt die Chance, Teile eurer Seele kennenzulernen, die in euch zusammenkommen, um euch ganz zu machen. Wenn ihr etwas über einen Flugzeugabsturz in Malaysia lest, kommt ihr mit dem Schmerz und der Angst davor in Berührung, in einem Flugzeugabsturz umzukommen, oder mit dem Schmerz und dem Leiden der Familien und Freunde der Opfer. Darüber hinaus werdet ihr aber auch zu Malaysiern, wenn ihr diese Menschen seht und dieselbe Angst in euch erkennt, denselben Archetyp, dieses gleiche Wissen.

Ihr seid also viel stärker an dem beteiligt, was auf der Erde geschieht, als ihr denkt. Ihr seid nicht einfach nur passive Zuschauer. Indem ihr seht, was auf der Erde vor sich geht, wächst natürlich eine große Angst vor der Zukunft, vor dem Unbekannten in euch, und die Reaktionen darauf können in verschiedene Richtungen gehen. Angst kann dazu führen, dass du versuchst zu attackieren, wovor du dich fürchtest, dich davon abzuschotten oder dich nicht nur mutig, sondern auch offenen Herzens damit auseinanderzusetzen. Letzteres ist mit dem Ausdruck »durch ein Nadelöhr gehen« gemeint. Dieser Königsweg wird allerdings häufig erst dann eingeschlagen, wenn die anderen beiden Möglichkeiten erschöpft sind.

Wie können wir dich unterstützen?

Frage von J.: Was können wir tun, um dich zu unterstützen?

Erde: Du[17] tust bereits eine Menge. Wenn du noch mehr tun willst, dann erlaube dir, dich mehr zu lieben. Dann nämlich wirst du sehen und spüren – dir erlauben zu spüren – dass du von mir, der Erde, sehr geliebt wirst. Das ist der größte Dienst, den du mir erweisen kannst, und alles andere ergibt sich dann daraus.

Genau so wie wir sind

(Auszug aus dem Buch *Seelengevögelt* von Veit Lindau, in dem er ein Erlebnis beschreibt, das er beim Schwimmen mit Delphinen in der Karibik hatte.)

Ich tauchte an diesem Tag ca. sechs Meter unter Wasser, als sich ein Delfin direkt vor meiner Nase aufbaute und mit heftigen Klickgeräuschen zu mir sprach. Natürlich verstand ich kein

---

17 Die Antwort bezieht sich auf die Fragestellerin und nicht unbedingt auf die Menschheit als ganzes.

einziges Wort. Doch ich nahm seine Ansprache sehr persönlich. Ich bin kein Freund davon, Tiere zu mystifizieren oder zu anthropomorphisieren. Ich kann dir bis heute nicht wirklich erklären, was geschah. Ich weiß nicht, wie lange ich völlig perplex seiner »Ansprache« lauschte. Als mir die Luft ausging, kehrte ich an die Wasseroberfläche zurück.

Wieder auf dem Boot, begann mein ganzer Körper zu zittern. Ich weinte zwei Stunden lang wie ein kleines Kind.

In dieser Zeitspanne erfuhr ich etwas, was ich zuvor nur in Büchern gelesen hatte. Ich wusste ohne jeden Zweifel, dass mich die gesamte Existenz bedingungslos liebt. Ich erkannte, dass es unmöglich ist, einen Fehler zu begehen, weil mein Leben eine perfekte Note in einer erhabenen, unbegreiflich schönen Symphonie spielt.

Meine Tränen spülten einen uralten Schmerz an die Oberfläche. [...] Ich verstand, was mich so viele Jahre ausgebremst hatte. Es war die tiefe Angst, nicht gut zu sein. Irgendwann [...] hatte ich mein Ur-Vertrauen in die Existenz verloren.

Ich wusste in diesem Augenblick absolut sicher: Die gesamte Existenz wartet darauf, dass der Mensch erwacht und sich selbst erkennt. Wir sind geboren, um uns voller Freude auszudrücken. Dieses Universum vibriert vor Ekstase. Es liebt dich und mich – genau so, wie wir sind.

Abdruck mit freundlicher Genehmigung von Veit Lindau

Wenn du dich umschaust und die endlose Weite der Natur siehst, der Wüsten, Wälder und Meere, des Himmels und so weiter und dich selbst als einen von sieben Milliarden Menschen, dann stellt sich die Frage: Was ist denn die spezielle Melodie, Schwingung oder Rolle, die von dir gespielt werden will? Wo zieht es dich in deinem Tun und Sein denn am stärksten hin? Dies ist ein dynamischer, sich ständig wandelnder Prozess, denn du bist ein Prozess. Beethovens Mondscheinsonate ist *ein* Musikstück, doch es erstreckt sich über die Zeit.

Die gesamte Melodie macht die Sonate aus. Du und ich, wir sind Sonaten, keine einzelnen Noten. Im Laufe unserer Entwicklung verändert sich die Art und Weise, wie wir die Melodie finden, die wir dem Liedgut des Universums hinzufügen wollen. Als Kinder machen wir das ganz automatisch; für uns als Erwachsene ist es eine bewusste Handlung. Dies ist nun zu unserer neuen Aufgabe geworden.

Das »Nein«, das die gesamte Menschheit artikulierte, als sie sich aus der Schöpfung herausstellte, der unterbewussten Schöpfung, und ihre Rolle als Bestimmerin übernahm, ähnelt dem der kindlichen Trotzphase. Zu einem vollumfänglichen »Ja« kannst du nur finden, wenn du ein ebensolches »Nein« kennst. Es zu kennen, bedeutet aber nicht unbedingt, es zu materialisieren. Ganz im Gegenteil: Wenn wir erkennen, dass das »Nein«, das wir zum Beispiel in dem Widerstand, der Getrenntheit, der Unterscheidung, der Isolierung, die wir erleben, ausdrücken, immer schon unsere freie Entscheidung war, dann erweckt das in uns eine Neugier darauf, wie eine Welt des »Ja« aussehen würde.

Frage von A.: Wo ist mein Platz auf der Welt, um der Erde und dem Ganzen und gleichzeitig auch mir selbst zu dienen?

Erde: Verhalte dich den anderen gegenüber so, wie du möchtest, dass sie sich dir gegenüber verhalten – hier konkret auf die Erde bezogen. Das heißt, wenn du Liebe für die Erde empfindest, dann besteht die Antwort auf deine Frage darin, diese Liebe zu fühlen und auszudrücken. Die zweite Antwort ergibt sich automatisch: Lass zu, dass du von mir, der Erde, geliebt wirst. Je mehr du solche Öffnungen zulässt und je mehr du dich für sie einsetzt, desto weniger geht es um die Frage, *was* zu tun ist, sondern vielmehr darum, *wie* das, was du tust, zu tun ist.

Immer wenn etwas geliebt wird, von außen oder von innen, und sich dafür auch öffnet, beginnt seine Schönheit von innen heraus zu leuchten. Die Liebe setzt die natürlichen Fließbewegungen frei.

Frage von A.: Ich verzweifle oft, weil ich denke, dass wir alles zerstören, bevor wir überhaupt verstanden haben, was es ist, was wir da zerstören. Wir sind immer noch mit unglaublicher Geschwindigkeit in die falsche Richtung unterwegs. Was sagt die Erde dazu? Was will sie von uns? Was ist ihr Rat an Leute wie uns, die oft verzweifeln, weil das alles so hoffnungslos aussieht?

Erde: Viele gute Leute halten sich zurück. Viele gute Leute sind gebrannte Kinder und haben resigniert. Sich aus der Resignation zu befreien und anderen dabei zu helfen, es ihnen gleichzutun, das ist eine der Hauptaufgaben jener, die die Hoffnung verloren haben.

Erde:
Für jene, die die Hoffnung verloren haben,
ist es sehr wichtig, zu kommunizieren,
auszudrücken, wie sie sich fühlen und warum.
Der Verlust von Hoffnung,
ob vorübergehend oder für lange Zeit,
ist keine Krankheit, ist nichts, wogegen es anzukämpfen gilt,
auch nicht etwas, was der Therapie
oder pharmakologischer Substanzen bedürfte.
Der Verlust von Hoffnung muss ausgedrückt werden,
ohne festgehalten zu werden.
Dies wird in dem Maße wichtiger,
wie die Schwierigkeiten auf der Erde zunehmen.
Es mag allerdings dem Wunsch jener entgegenstehen,
die die Hoffnung verloren haben,
denn wenn du die Hoffnung verloren hast,
willst du das nicht ausdrücken.
Du willst nach oben gezogen werden, weg davon,
und nicht die anderen herunterziehen.
Doch nur indem sie sich zeigt, indem sie sich ausdrückt,
zieht die Dunkelheit das Licht an – das innere und das äußere.

Das Weinen oder Schreien eines Säuglings ist nicht nur der Ruf nach Aufmerksamkeit, sondern an sich bereits ein Akt der Heilung. Wenn du dir erlaubst, angesichts dessen, was auf der Erde passiert, zu weinen, ist das in sich bereits Teil deiner und meiner Heilung. In dir stärkt es deine Empathie und Empfindsamkeit, und du öffnest dich weiten Bereichen in dir, die einen Schmerz erfahren haben, von dem du dich eigentlich abschotten möchtest. Deine Tränenströme sind gleichzeitig Ströme der Kommunikation mit mir. Bevor du sofort denkst, du müsstest handeln, um etwas zu verändern, lass deinen Gefühlen freien Lauf. Das gilt sowohl für deine Gefühle der Erde als auch für jene deinen Mitmenschen gegenüber.

Wenn du aus einem Traum erwachst, in dem etwas ganz Schlimmes passiert ist, verspürst du oft Erleichterung, denn du hast soeben deine gefühlte Realität verändert – hin zu einer, in der vom Standpunkt deines Alltags aus dein Erlebnis im Traum als »einfach nur ein Traum« betrachtet wird. Diese Veränderung geht sehr schnell vonstatten. Ähnlich ist es mit den Veränderungen, die auf der Erde geschehen müssen: von der Qualität her sind es eher innere. Genauso wie innere Prozesse im Inneren der Erde zu plötzlichen Erdbeben führen können, um ein – wie ihr es nennt – negatives Beispiel zu geben, so können die kleinsten inneren Veränderungen plötzliche Veränderungen im Außen bewirken, und zwar positive wie negative.

Ich bin nicht hier, um euch zu irgendwelchen Änderungen zu bewegen. Ich bin hier, um Samen für etwas Neues zu säen. Diese Samen sollen euch eine andere Perspektive ermöglichen, eure Sicht der Dinge verändern. Jegliche Veränderung der Art und Weise wie du die Dinge siehst, ist auch eine Veränderung dessen, wer du bist.

Frage von A.: Welche Auswirkung wird das Aussterben bestimmter Arten auf die Biosphäre haben?

Erde: Es ist nicht so schlimm wie ihr es häufig seht. Dies sind meine Kinder, genau so wie auch ihr meine Kinder seid. Ich nähre sie schon ihr Leben lang. Sie sind auch seit jeher meine Augen und

Ohren. Doch die Erde und die Menschen durchlaufen eine Phase, in der ihre materielle Existenz außer auf künstlichem Wege nicht aufrecht zu erhalten ist. Das soll aber nicht heißen, dass sie gänzlich verschwunden sind, denn in gewissem Sinne sind ihre Seelen immer noch bei euch. Doch die Dinosaurier und viele andere Arten, die mit ihnen ausstarben, wurden von anderen Spezies ersetzt. Neue Spezies treten auch auf andere Weisen hervor als ihr sie wahrnehmt, und es gibt neue Spezies, die auftauchen, die neue, veränderte Versionen alter Spezies sind. Zusätzlich zur langsamen Evolution haben wir also eine Art Schnelllauf nach vorne, der sich einfach im Auftauchen einer neuen Spezies ausdrückt. Man könnte gewissermaßen auch sagen, dass die Entstehung und das Aussterben ein- und derselbe Prozess sind.

Im Verlauf der Jahrtausende sind viele Arten gekommen und gegangen... und wurden wiedergeboren. Es gab Zeiten, zu denen es sehr wenige Arten gab, und dann wieder Zeiten mit sehr vielen, genauso wie es immer schon Aufs und Abs in der Bevölkerungszahl gab. Es gibt keine ideale Anzahl oder ideale Zusammensetzung bestimmter Spezies, denn das Universum ist ständig im Werden begriffen. Doch zur Zeit befinden wir uns auf der Erde in einem Prozess des Zerfalls, und diese paar Jahrzehnte oder Jahrhunderte ebnen den Weg für eine völlig neue Form der Natur. Wenn ihr als Spezies erwacht und die Lebendigkeit der natürlichen Welt erkennt, kommt es auch zu einer Reaktion in der natürlichen Welt. Ihr beginnt sie bereits in kleinen Nischen und Biotopen zu sehen. Viele der ausgestorbenen Arten werden in anderen Formen zurückkehren. Dies ist zum Teil ein Ergebnis dessen, was manche eurer Wissenschaftler als morphogenetische Felder bezeichnen. Sie gibt es tatsächlich, doch sie beruhen auf einer anderen Kraft als jener, derer ihr euch bewusst seid.

Wenn eine Spezies ausstirbt, verliert die evolutionäre Entwicklung an Komplexität. Wenn die Entwicklung sich selbst überlassen wird, kehrt diese Komplexität in relativ kurzer Zeit zurück. Wenn jedoch der Mangel an Komplexität chronisch wird, leiden die Arten, die bestehen bleiben oder sich weiterentwickeln, an einem Ungleichgewicht, denn dann befindet sich die gesamte Biosphäre in einem chronischen Ungleichgewicht. Ein Ungleichgewicht ist an sich auch ein Teil der Evolution, doch wenn es extrem wird, ist das wie ein Boot, das Schlagseite hat. Die Menschheit erreicht langsam eine Stufe, wo sie solche Ungleichgewichte korrigieren kann. Eure Wissenschaftler arbeiten ja daran, sowohl ausgestorbene Arten wieder hervorzubringen als auch neue Spezies zu erschaffen. Doch erst, wenn diese Art von Arbeit mit einer tiefen Verbundenheit mit den Lebensprozessen gemacht wird, die sie beeinflusst, wird sie nicht mehr immer wieder zu Misserfolgen oder höchst unliebsamen Konsequenzen führen.

Du brauchst keine Sorge zu haben, dass die Biosphäre so stark beeinträchtigt wird, dass es insgesamt zu einem großen Sterben kommt. Sie ist ja letztlich mit der Ur-Lebenskraft verbunden und besitzt daher eine unglaubliche Widerstandsfähigkeit. Was also am meisten gebraucht wird, sind große Schutzgebiete. Ohne Schutzgebiete für die Pflanzen und Tiere ist es, als würde man einer Pflanze ihre Wurzeln abschneiden. Du bist über Tiere und Pflanzen mit deiner Quelle, mit der Lebenskraft verbunden. In diesem Sinne bist du eins mit der Biosphäre.

Tsunamis, Erdbeben und andere Naturkatastrophen

Wie auch schon beim ersten Buch war dies das schwierigste Thema, mit dem ich mich auseinandersetzen musste, und ich kann nicht sagen, dass ich endgültige Antworten erhalten hätte. Doch ich konnte fühlen, dass sich eine Klarheit abzuzeichnen begann, eine Erkenntnis, dass eine andere Perspektive zu einem tieferen Verständnis dafür führen könnte, wie wir vorwärtsgehen können, damit wir mit den Prozessen der Erde in größerer Harmonie leben können. Manchmal nahm dieser Prozess die Form einer hitzigen Diskussion an. Und manchmal wurde ich sogar gebeten, mich erst einmal der emotionalen Ladung rund um dieses Thema zu entledigen, bevor ich weitere Fragen stellte.

Frage von Sten: Erde, lass uns über das Erdbeben und den Tsunami vom 26. Dezember 2004 reden. Aus meiner Sicht ist dieses Ereignis noch nicht verdaut und kann nicht verdaut werden – wenn man das Leben der einzelnen ansieht, den Schmerz, die Angst, den Verlust geliebter Menschen, auch von Kindern... mitanzusehen, wie Menschen verletzt und getötet werden. All das ist eine Wunde, die immer noch blutet. Es hat keine Integration stattgefunden.

Als ich begann, diese Fragen zu stellen, war ich sehr aufgewühlt. Wenn es um Schmerz geht – meinen eigenen oder den anderer – bin ich vielleicht ein wenig zu empathisch. Ich hatte mir viele Male voller Entsetzen die Bilder und Filmsequenzen von dem Tsunami im Jahr 2004 angesehen und mir vorgestellt, mittendrin zu stecken. Mein ganzes Wesen hatte mit aller Kraft NEIN! gebrüllt. Die Nachbarn meines Vaters, eine fünfköpfige Familie, wurden damals einfach ausgelöscht. So etwas ist für mich einfach völlig inakzeptabel.

Erde: Sten, du kommst einem ganz persönlichen Schmerz sehr nahe, einem der Geschenke, das noch auf dich wartet und sich in unerträglichem Schmerz und Entsetzen ausdrückt. Sten, geh hinunter zum See. Setz dich hin und lass los.

Es stimmte; ich musste loslassen, wenn ich klar bleiben wollte. Also ging ich zum See hinunter und setzte mich auf den Steg. Als ich mich eine Weile später wieder beruhigt hatte, setzten wir das Gespräch fort.

Sten: An einem bestimmten Punkt wird der Schmerz so stark, dass man sich zurückziehen, sich schützen, sich einkapseln muss. Für mich ist das ganz natürlich. Doch es bedeutet auch Separation. Es bedeutet, dass man sich selbst abschneidet, nicht mehr verbunden ist, seine Wunden leckt und heilen lässt und sich zurückzieht.

Erde: Ja, doch es gibt einen Weg, sich in Verbundenheit zurückzuziehen und seine Wunden zu lecken. Rückzug ist nicht mit Separation oder Trennung gleichzusetzen. Du kannst voll und ganz verbunden bleiben und dich trotzdem in dein eigenes kleines Kämmerchen zurückziehen, kannst dich in einem separaten »Raum« befinden und doch verbunden sein. Das ist die Art von Verbundenheit, die Tiere kennen, wenn sie verwundet sind und sich zurückziehen. Sie sind mit der inneren Heilkraft verbunden, die aus der uneingeschränkten Verbundenheit mit dem Ganzen kommt.

Ich kam auf meine ursprüngliche Frage zurück: »Warum, Erde, erlaubst du Erdbeben und lässt die daraus resultierenden Tsunamis über unsere Küsten hinwegfegen und dabei Hunderttausende Menschen töten? Und wenn du das so tun musst, wenn das also ein Prozess ist, der zu dir und deiner Lebendigkeit gehört wie das Atmen, warum kannst du uns dann nicht mit Hilfe deiner Fähigkeiten irgendwie warnen, damit wir uns zum Bespiel rechtzeitig in Sicherheit bringen können. Du bist doch so intelligent.«

Erde: Diese Frage ist eine Spiegelung – eine wichtige Spiegelung – dessen, wo wir in unserer gemeinsamen Evolution stehen. Die Struktur deiner Frage über Tsunamis und darüber, warum ich es euch nicht rechtzeitig sagen kann, wenn ein Erdbeben kommt, oder warum ich zulasse, dass Wellen eure Küsten überfluten, beruht auf der Sicht, dass meine Handlungen von euch unabhängig sind. Es handelt sich dabei um das gleiche Problem, das ihr habt, wenn ihr krank werdet – ein Teil des Körpers handelt dann nicht *ein*-ig mit dem Rest. Das ist weder die Schuld des einen noch der anderen; es fehlt einfach an Verbindung. In diesem Sinne gibt es auch keine Hierarchie der Verbundenheit, denn egal, wo die Verbindung unterbrochen sein mag, ist es immer eine Unterbrechung des Ganzen.

Sten: Ich versuche zu verstehen, wie diese Getrenntheit damit zu tun hat, was die Menschen tun und was die Erde tut, und warum die Erde eine Verbundenheit nicht einfach dadurch bewirken kann, dass sie sich auf eine Weise als ein bewusstes Wesen zeigt, die für die Menschen verständlich und gleichzeitig nicht bedrohlich ist.

Erde: Genau daran arbeiten wir zusammen.

Sten: Erde, ich habe die Bilder von dem Tsunami gesehen und du ja durch die Augen aller auch. Was kannst du darüber sagen?

Erde: Menschen, ihr habt euch von mir abgewandt. Und das ist in Ordnung; es gehört zum Wachsen und auch zu den Wachstumsschmerzen. Eure Wissenschaftler suchen mit ihren Messgeräten und Instrumenten nach Spannungen und Schwingungen, die euch ein Erdbeben ankündigen könnten, und sie finden sie auch. Wenn sie euren gesamten Körper durch Mikroskope unter Beobachtung hätten, könnten sie vorhersagen, wann ihr rülpsen werdet. Doch das bringt uns einander nicht näher.

Sten: Ein Tsunami, in dem 300.000 Menschen sterben, tut das auch nicht.

Erde: Das ist nicht unbedingt richtig. Er ruft in den Menschen nämlich eine starke Reaktion darüber hervor, was ich mache und wer ich bin.

Sten: Ja, aber sie denken dann eher immer stärker, dass du kein Bewusstsein hast. Hättest du nämlich welches, würde man sagen, du hast kein Gewissen, wenn du 300.000 von uns in Null Komma Nichts umbringst. Mütter, Väter, Kinder... das ist wie ein Atombombe. Es ist die Wiederholung von Hiroshima und Nagasaki. Ja, es ist eine Naturkatastrophe; und entweder sind Naturkatastrophen »göttliches Tun« und wir können daran nichts ändern, sondern uns höchstens davor schützen, oder sie werden doch letztlich von jemandem erschaffen, von einem bewussten Wesen, das das, was es tut, entweder nicht ändern kann oder nicht bereit ist, es zu ändern. Das sind die zwei Möglichkeiten, die ich sehe.

Erde: Das sind zwei Möglichkeiten, doch es gibt noch etliche weitere. In deinen zwei Möglichkeiten schließt du euch nicht mit ein. Wir sollten nicht versuchen, einander zu ändern. Wenn wir uns aber näherkommen und die Prozesse verstehen, die der/die andere durchläuft, erfasst du den entsprechend größeren Prozess, der auch dich einschließt, und wirst Teil von ihm. Es ist wie in menschlichen Angelegenheiten auch: Indem du dich einlässt, die Kommunikation aufnimmst, dich dem öffnest, was der andere durchmacht, dich damit auseinandersetzt und es annimmst und mitteilst, es dadurch also zu dem gemeinsamen Prozess machst, der es ja eigentlich ohnehin ist, kann diese Art kooperativer und gemeinsamer Erfahrung sowohl die Naturkatastrophe per se wie auch deine Reaktionen darauf verändern. Was sich dabei am stärksten wandelt ist dein Blickwinkel, deine Sicht dessen, was da eigentlich geschieht. Eine tiefere Bedeutung dessen, was du zuvor ausschließlich als tragisches Ereignis empfunden hast, nimmt langsam Form an, und du begreifst es als Ausdruck einer tiefen Unverbundenheit. Es kann eine »Rückkehr zur Essenz« darstellen, die zu »Tod gibt Leben« führt.

Du hast die kleinen Lotsenfische gesehen, wie sie um Haie herumflitzen und die Parasiten fressen, die auf den Haien leben. Die werden nie von einem Hai gefressen. Das ist ein perfektes Beispiel für eine produktive Symbiose, die für beide Parteien ungefährlich ist. Und genau so können auch wir uns aneinander anpassen – körperlich, mental und spirituell. Es mag schwer zu glauben sein, aber wenn wir eine enge, eine intime Verbindung zueinander aufbauen, dann werden viele meiner Prozesse, die ihr jetzt als hart oder gefährlich erlebt, weicher werden und für den Menschen keine Bedrohung mehr darstellen. Damit dies aber in euren Augen nicht nur reine Spekulation bleibt, braucht ihr neue Erfahrungen sowohl im Inneren als auch im Äußeren. Und die beginnen mit einem schrittweisen Erwachen meiner energetischen und bewussten Präsenz gegenüber.

Wenn wir eine kontinuierliche und schöne Beziehung voller Nähe hätten, würde ich euch natürlich helfen, indem ich euch mitteilte, wie man Strukturen baut, die jeder Art von Erdbeben standhalten. Ich würde euch helfen, Energiegeräte zu bauen, die mit meinem Energiehaushalt in Harmonie sind. Ich würde euch wissen lassen, wie ihr mit Wasser so umgehen könnt, dass es alle zufriedenstellt und so weiter… Wie ich schon gesagt habe: Alle Bereiche würden erfasst, nichts würde ausgelassen. Die Grundlage für all das ist eine Kommunikation, die von Nähe getragen ist, eine enge Verbindung zwischen den Menschen und mir, der Erde. Die einzurichten – daran arbeite ich mit dir und vielen anderen, auch den Lesern und Leserinnen dieses Buches. Meine Vulkane würden dann immer noch ausbrechen, ich hätte immer noch meine Klimaveränderungen, meine wilden Stürme und meine Tsunamis und Erdbeben. Für euch allerdings wäre das Mitgehen mit diesen Fließbewegungen und Emotionen, als unternähmen wir zusammen eine Achterbahnfahrt voller Kraft und Schönheit, ohne Angst, ohne Gefahr für euer Leben. Und wie ich schon an anderer Stelle gesagt habe: Ihr seid jetzt schon dazu in der Lage, diese Dinge vorherzusehen, wenn ihr eure Augen öffnet, eures Körpers gewahr seid und mit eurem ganzen Wesen hinhört.

✳ ✳ ✳

Es gab auch einige Fragen zu der Möglichkeit großer zukünftiger Katastrophen oder gar einer Apokalypse.

Frage von L.: »Wird es dann noch Wasser geben?«
Erde: Ja, es wird weiterhin Wasser geben. Es wird viele Probleme rund um das Wasser geben, und es ließen sich viele Bücher darüber schreiben – nicht nur über die Geheimnisse des Wassers, sondern auch darüber, was das Wasser will. Dies reicht bis tief in die menschliche Psyche und ist mit der Quelle des Lebens selbst verbunden. Nochmals: Höre dem Wasser von innen zu, und es wird dir seine Geheimnisse eines nach dem anderen enthüllen.

Frage: »In welche Regionen sollte man ziehen?«
Erde: Das hängt von dem Plan ab, den die Seele für dein Leben hat. Es gibt doch einige Menschen, die nun an sogenannten sicheren Orten sitzen und auf die große Katastrophe warten. Für viele von ihnen ist dieses Warten die große Katastrophe, denn ihre Konzentration aufs Überleben hält sie davon ab zu leben. Das Leben und die Existenz sind ein Prozess. Vorwärts geht es, wenn man sich ihm

überlässt, ohne zu versuchen, die Vergangenheit festzuhalten, und ohne Angst vor der Zukunft zu haben.

Die Transformation, die ihr durchlauft, wird in Wellen kommen. Ihr sollt wissen, dass jeder Abschwung einer Welle der Aufschwung der nächsten ist. Versucht also nicht, eine Welle zu stoppen, die auf dem Weg nach unten ist; lasst euch stattdessen vom Aufschwung der nächsten Welle anziehen und werft dabei unnötigen Ballast ab.

Frage: »Es heißt, dass viele Menschen sterben werden; wie kann man sich vorbereiten?«

Erde: Es ist nicht möglich vorherzusagen, wie die Systeme des freien Willens im einzelnen handeln werden, wenn eine neue Welle ankommt. Bestimmte Dinge sind klar, und viele Entscheidungen wurden bereits im Voraus getroffen. Die beste Vorbereitung besteht darin, euer Gewahrsein zu erhöhen und eure Verbindung nach außen und nach innen zu stärken, um erahnen zu können, was vorgeht. Eine positive Haltung einzunehmen und weiterhin die Rolle zu spielen, von der du das Gefühl hast, dass du sie dir für dieses Leben gewählt hast und dich nicht in einzelnen Themen zu verheddern und zu verstricken. All das dient einer guten Vorbereitung. Ganz zentral ist auch die Meditation darüber, wie es sich anfühlt, geliebt zu werden – von Menschen, Tieren, Pflanzen, der Erde und der gesamten Existenz.

* * *

Erde: Die Menschen richten ihre Aufmerksamkeit stärker als zuvor auf das, was auf der Erde an verschiedenen Orten passiert, da ihr jetzt die Technologien habt, mit Hilfe derer ihr Bilder, Videos, und vieles mehr sofort übermitteln könnt. Deshalb herrscht zwischen Mensch und Erde eine neue und andere Qualität der Kommunikation. Ihr neigt häufig dazu, die Wirkung zu ignorieren, die ihr allein schon dadurch habt, dass ihr die Dinge beobachtet. Ihr habt mehrere Hundert Jahre gebraucht, um zu verstehen, welche Auswirkung die

Verwendung von fossilen Brennstoffen auf das Klima hat. Dass ihr das nun überhaupt bemerkt, ist die eigentliche Revolution, die große Veränderung. Es ähnelt der Situation, in der ein Kind zum ersten Mal bemerkt, dass sein ständiges Geschrei eine negative Wirkung auf Mutter oder Vater hat. Dadurch ändert sich die Beziehung zwischen Kind und Elternteil. Das Kind wird der Wirkung gewahr, die es auf seine Umgebung hat.

Wenn euch klar wird, dass ich ein bewusstes, lebendiges Wesen bin und nicht nur – symbolisch gesprochen – eine Mutter, die ihr Kind mit dem versorgt, was es auf der physischen Ebene braucht, wenn euch also klar wird, dass ich auch ein emotionales, fühlendes Wesen bin und auf alles reagiere, was ihr mit mir macht, dann kommt es zu einer größeren Veränderung; diese Erkenntnis wird euer Verhalten automatisch verändern. Deshalb sage ich euch auch nicht, dass ihr euer Verhalten ändern sollt, denn dieser Wandel muss von innen kommen. Es ist wichtiger, dass deine Kommunikation dein Kind wirklich erreicht, als dass du es dazu bringst, deine Regeln zu befolgen.

Wenn ihr beginnt, meine bewusste Präsenz zu spüren, werden sich auch eure Fragen ändern. Ihr werdet mich fragen, wie ihr Dinge anders tun könnt, und nicht mehr, wie ihr aufhören könnt, Dinge zu tun, von denen ihr glaubt, dass sie mir oder euch schaden. So haben meine Erfahrungen durch die verschiedenen Zeitalter hindurch mich gelehrt, wie sich Elemente transformieren lassen. Dieses Wissen wird es euch ermöglichen, Beliebiges aus Beliebigem zu produzieren und Energie zu synthetisieren.

Wenn ihr euch Dokumentarfilme oder Videoclips davon anschaut, wie die Erde zerzaust und zerstört und zum Beispiel der Amazonasurwald niedergebrannt wird, aber auch darüber, wie schön sie ist, dann schätze ich am meisten die Tatsache, dass ihr anfangt, berührt zu sein, dass ihr anfangt, mich zu sehen. Mitten im Schmerz also spüre ich auch Freude darüber, berührt und gesehen zu werden. Diese Freude ist es, die uns letztlich die Antworten dafür liefern wird, wie wir diesen inneren und äußeren Schmerz in euch und in mir überwinden können.

Was nehmen wir nicht wahr?

Frage von B.: Im Buch *Die Erde spricht: Ich bin bei euch* sagst du, dass wir 90% unserer eigenen Motive für unser Handeln nicht gewahr sind. Was tun wir denn dann die ganze Zeit?

Erde: Im Leben seid ihr auf vielen verschiedenen Ebenen beschäftigt. Ihr könnt keinen einzigen Schritt machen, ohne dass gleichzeitig die verschiedensten Gedanken und Gefühle ablaufen. Ihr habt viele Interaktionen mit der Erde und mit Menschen, mit denen ihr in Beziehung seid oder denen ihr in irgendeiner anderen Form begegnet. Das Energiefeld, das ständig um euch ist, berührt im Vorbeigehen jede auch noch so kleine Pflanze. Euer Herz pumpt unablässig und reagiert auf eure vielen Gefühle und Gedanken, manche davon richtig eingefleischte Überzeugungen. Eine davon lautet zum Beispiel, dass man schwer arbeiten muss, um einfach nur zu existieren. Dies erzeugt einen enormen Druck auf das gesamte System. Es geht nicht so sehr darum, dass ihr etwas anderes lieber tun wolltet, sondern darum, dass ihr euch zu allem, was ihr tut, gezwungen fühlt. Das ist ein weit verbreitetes Leiden. In den ostasiatischen Ländern wird es wohl auf die Spitze getrieben, doch man findet es auf der ganzen Welt. Genau darauf bezog sich Jesus, als er sagte: »Sehet die Vögel unter dem Himmel an: Sie säen nicht, sie ernten nicht, sie sammeln nicht in die Scheunen; und euer himmlischer Vater nährt sie doch.«

Die Menschen versuchen verzweifelt, Normen zu erfüllen, die andere für sie aufgestellt und die ihnen mittlerweile selbst in Fleisch und Blut übergegangen sind, die aber rein strukturell unmöglich zu erfüllen sind. Dies und vieles andere mehr überträgt sich auf die Art und Weise, wie du deinen Kopf hältst, wie dein Körper sich stärker in die eine oder andere Richtung neigt, wie sich möglicherweise deine Wirbelsäule krümmt und so weiter. All das sind Dinge, die ihr ständig »tut«. Die Tatsache, dass deine Zähne mit Plastik gefüllte Löcher haben oder dass sie überhaupt ersetzt wurden – auch das ist etwas, was ihr ständig tut. Ich will damit nicht sagen, dass ihr all dieser Dinge gewahr sein solltet – dass zum Beispiel eure Fingernägel wachsen, dass eure Leber das Blut reinigt und so weiter. Ihr braucht diese Dinge auch nicht ständig anzuleiten. Doch ihr habt die Fähigkeit, all dieser Funktionen im einzelnen und zusammen gewahr zu werden.

Eure Gefühle zu eurem Körper sind auch etwas, was ihr ständig aussendet. Damit meine ich, dass ihr zum Beispiel denkt, dass ein bestimmter Körperteil zu dick oder zu dünn ist, dass ihr irgendwo zu wenig oder zu viele Haare habt und so weiter. Diese Liste ließe sich endlos fortsetzen. Euer Verhältnis zu eurem »Alter« funkt ihr auch nach draußen – ob ihr euch nun zu alt, zu jung oder genau richtig fühlt. Eure Gedanken zu Zeit – zu spät, zu früh oder auch gerade richtig dran zu sein – begleiten euch ununterbrochen im Leben, und euer gesamtes Energiefeld reagiert darauf. Jeder Teil eures Körpers tut aktiv etwas. Viel davon läuft in Mustern ab, doch das nimmt ihm nichts von seiner Aktivität.

Indem ihr euch dieser unterschwelligen Gedanken und Haltungen bewusstwerdet, könnt ihr sie langsam, Stück für Stück, immer mehr loslassen und euch dabei zunehmend eurer eigenen Präsenz gegenüber und der Welt um euch herum öffnen.

* * *

Ich bin jetzt 65 und kann mich als alt betrachten; auf dem besten Weg zu Altersschwäche und dem letzten Atemzug, konfrontiert mit dem Zerfall meines Körpers, dem Abbau meiner Fähigkeiten, meines Sex- und Liebeslebens. Alternativ kann ich mich aus der Sicht eines 85-jährigen betrachten und sagen: »Wow, du bist erst 65! Du kannst dein Leben noch einmal ganz von vorn beginnen, wenn du willst.« Und dann könnte ich eine Unmenge spannender Dinge aufzählen, die ich tun könnte. Wenn ich beider Möglichkeiten gewahr werde, bin ich in meiner Entscheidung zwischen ihnen freier, denn jeder unterbewusste Gedanke, den man aussendet, ließe sich durch kraftvolle, genauso »wahre«, bewusst gewählte Haltungen und Gedanken ersetzen.

* * *

Frage von B.: Es gab und gibt viele spirituelle Meister. Warum sprechen sie selten, wenn überhaupt, darüber, dass die Erde lebendig ist und in welcher Beziehung wir zu ihr stehen?

Erde: In der Vergangenheit gingen viele spirituelle Meister aus religiösen Bewegungen hervor, die eine Reaktion gegen den Schmerz und die scheinbare Bedeutungslosigkeit der körperlichen Existenz darstellten. Daher strebten sie eine »pure« Spiritualität an, die dem Physischen abschwor. Selbst im Buddhismus herrscht diese Haltung noch zu einem großen Teil. Es gibt einen Unterschied zwischen dem Physischen und Spirituellen, obwohl beide Teil des einen Universums sind. Gleichzeitig enthalten sie einander aber auch gegenseitig. Deshalb wird jedes rein spirituelle Streben sich letztlich auch mit dem Körperlichen auseinandersetzen und umgekehrt. Dennoch gab es lange Zeiten und große Bereiche, in denen die Lebendigkeit der Erde als natürliche Tatsache akzeptiert wurde. Das Körperliche wurde da nicht vom Geistigen getrennt, denn beide Aspekte wurden gespürt – als verschieden voneinander, aber doch gleichwertig. Ich spreche hier von eingeborenen Völkern.

Doch der Verzicht auf alles Materielle war von Seiten der spirituellen Meister auch ein Ausdruck der Erkundung und Entdeckung der Tatsache, dass seine physische Präsenz den Menschen weder einschränkt noch definiert. Er stellte daher einen äußerst bedeutsamen Schritt in Richtung unabhängigen Denkens und Wachstums der menschlichen Seele dar. Doch nun, wo der Kreis sich wieder schließt, gilt es, den spirituellen Aspekt der Materie und die ehrfurchtgebietende spirituelle Magie der materiellen Welt zu erkunden.

Liebe und Sexualität

Das Liebesspiel zwischen Sonne und Erde
(aus dem Buch *Die Erde spricht: Ich bin bei euch*)

Der ganze Tagesablauf
ist wie die Kunst des Liebesspiels.
Schaut euch die Eigenschaften
der verschiedenen Stunden des Tages an,
und ihr werdet eine wunderbare Übereinstimmung
mit einem guten Liebesspiel bemerken.
Während ich mich drehe,
offenbare ich fortwährend Teile meiner selbst,
die von der Dunkelheit verhüllt waren.
Die schüchterne, zögernde
Annäherung der Dämmerung
wird gefolgt von einer Phase des Aufwärmens.
So wie die Sonne aufsteigt,
enthülle ich der Sonne mehr und mehr von mir.
Wenn wir uns dem Mittag nähern,
heizt sich die Atmosphäre zwischen uns auf;
die Sonne geht auf mich nieder
und ich empfange ihre durchdringenden Strahlen.
Wenn ihr diese Bilder annehmt
und euch diesen Vorgängen öffnet
– denn ihr befindet Euch in ihrer Mitte –,
beginnt euer ganzes Wesen,
sich darauf einzuschwingen.
Die entsprechenden Vorgänge in euch
erwachen zum Leben.
Dies kann allmählich das Wissen in euch wecken,
dass ihr wahrhaftig im Garten Eden lebt.

Frage von S.: »Erde, in dem Buch *Die Erde spricht: Ich bin bei euch* sagst du, dass du willst, dass wir in eine gänzlich neue sexuelle Art des Daseins hinein erwachen. Wie können wir uns sexuell mit dir in Einklang bringen, um solch einen Zustand zu erreichen?«

Erde: Es geht nicht so sehr darum, sich an mir auszurichten oder mit mir in Einklang zu kommen. Ich habe da gesagt, dass meine Energien, wenn ihr erregt werdet, nach oben strömen und euren begegnen und dass ihr wahrhaftig in den Lebensenergien und dem Liebesspiel zwischen mir und der Sonne lebt. Es gibt einen schmalen Bereich, in dem eine Beschleunigung der erotischen Energie möglich ist, ohne Angst auszulösen, und dies führt dazu, dass eine gänzlich neue sexuelle Art des Daseins erwacht. Zuallererst bedeutet dies für euch, euch dessen bewusst zu werden, dass ihr diese Energien im Alltag im Zaum gehalten habt. Weitgehend ist das eine Anpassung an gesellschaftliche Erwartungen und Normen. Ich will damit nicht sagen, dass ihr die erotische Energie in euch künstlich zum Strömen bringen sollt, sondern dass ihr den energetischen Prozessen, die in eurem Körper ganz natürlich ablaufen, freien Lauf lassen sollt.

Was ihr hier sucht, ist eine allumfassende Veränderung. Der sexuelle Seinszustand, den ihr erreichen könnt, ist ein Zustand der Vereinigung und Verbundenheit, der euch ganz erfasst und an dem jede Zelle eures Körpers beteiligt ist. Er wirkt sich auf eure Emotionen, Gedanken, Gesundheit und die Art eures Strahlens aus, somit also auch auf eure Jugendlichkeit und eure Erscheinung. Es sind Energien, die in Wellen auftauchen; doch wenn ihr einen Zustand sexuellen Erwachens erreicht habt, der euer ganzes Wesen erfasst, dann wird es sein, als wärt ihr auf einem Schiff auf dem Ozean, wo eine Welle auf die nächste folgt.

Wenn diese Energie dein Herz umfasst und einhüllt, verschwindet jeglicher Stress. Das ermöglicht es euch, Gedanken einer völlig anderen Dimension zu denken – Gedanken, die euer Selbstbild, also das Bild dessen, wer ihr seid, ausdehnen und erweitern, ohne irgendwelche Ängste zu wecken.

Diese Ängste halten euch sonst davon ab, auch nur in Betracht zu ziehen, dass ihr magische Kräfte haben könntet, oder sie gar zuzulassen. Doch wenn deine sexuellen Energien einmal dein Herz erweckt haben, kannst du dich mit völlig neuen Gedanken beschäftigen, die auf einem Selbstgefühl beruhen, das keine Angst mehr davor hat, sich selbst zu verlieren, sobald es aufhört, sich mit dem Altbekannten zu identifizieren.

Erde:
Die tief im Herzen empfundene erotische Intelligenz
wird stärker von den Möglichkeiten angezogen,
die sich aus der Bewegung dieser Energiewellen ergeben,
als von einer möglichen Angst davor, die Grenzen aufzulösen,
die sie um sich gezogen hat.

Liebe und die Abwesenheit von Stress laden die sexuellen Energien dazu ein, sich auszudehnen, und durchtrennen die Fesseln von Angst und Verlust. Von einem höheren Standpunkt aus kann man immer erkennen, dass Verlust den Anfang der Entdeckung einer zeitlosen Verbundenheit birgt.

Frage von M.: Was kann ich und was können wir Menschen allgemein tun, um die Sexualität von der Scham, die sie umgibt, zu befreien?

Erde: Interessanterweise kannst du viel von dieser Scham loswerden, indem du die- oder derjenige bist, die den anderen signalisiert, dass sie sich ihrer Sexualität nicht im Geringsten zu schämen brauchen. Dies braucht nicht im Außen stattzufinden. Stell dir vor, du hättest mit jemandem zu tun, der sehr viel mehr Scham über seine Sexualität empfindet als du. Stell dir dann vor, diesem Menschen Wellen mit folgender Botschaft zu schicken: »Es ist in Ordnung; du bist wunderschön in deiner Sexualität. Lass sie aufblühen, lass ihr freien Lauf, erlaube dir, geliebt zu werden, einschließlich deiner

Sexualität.« Diese Welle voller Liebe und Akzeptanz sendest du nach draußen und hält sie gleichzeitig auch in deinem Inneren; und genau dadurch besiegst du deine eigene Scham über deine Sexualität. Auf liebevolle Art und Weise sagst du: »Es ist nicht nur in Ordnung, sondern noch viel mehr; deine Sexualität ist unglaublich schön.« Letztendlich ist es die Liebe, die die Sexualität dazu ermutigt, frei und ohne Angst zu fließen. Diese Liebe kann innere Eisberge zum Schmelzen bringen, sie kann Tränen der Erleichterung und des Gefühls, nach Hause zurückgekehrt zu sein, strömen lassen, die sich dann langsam in das echte Lächeln des erotischen Tanzes des Lebens verwandeln.

Geburten und die Erde

Frage von A.: Ohne Geburtenkontrolle und eine Reduktion der menschlichen Bevölkerung wird es ja wohl keine Lösung für die Probleme geben, die wir auf der Erde haben, oder?

Erde: Das stimmt. Allerdings werden die heute angewendeten Verhütungsmethoden der Vergangenheit angehören. Insgesamt gesehen werden die Techniken, die sich bisher auf das Außen konzentriert haben, von solchen ersetzt werden, die sich auf das fokussieren, was innen abläuft. Eine Frau wird zunehmend lernen, einfach zu wissen, wann sie fruchtbar ist. Gleichzeitig wird sie lernen, eine spirituelle Verbindung mit jedem Kind aufzunehmen, das geboren werden möchte. Viele Frauen tun das bereits. Dieser Paradigmenwechsel muss und wird geschehen. Um ihn zu ermöglichen, werden bereits Brücken gebaut, und das wird sich fortsetzen. Außerdem werden völlig neue Formen der Sexualität gelernt und vermittelt werden, das sind Formen spiritueller Sexualität, die gleichzeitig das gesamte Leben um so vieles spannender machen werden. Die Energien werden nicht vergeudet werden; man wird begreifen, dass sie sich im Zentrum der Lebendigkeit des Menschen und seines Umfelds befinden. Es mag euch utopisch erscheinen, doch an verschiedenen Orten auf der Erde wird dies bereits unter weiser Führung gelebt und vermittelt. Man kann es als Fortführung der sexuellen Revolution der späten Sechzigerjahre des 20. Jahrhunderts betrachten, die zu einer sexuellen Evolution wird. Die Antwort lautet also: Ja, ohne Geburtenkontrolle und eine Reduktion der Weltbevölkerung wird es keine Lösung geben.

Frage von M.: Wie können sich Frauen im Prozess des Gebärens mit der Erde verbinden? Kannst du noch mehr über die Verbindung zwischen Erde, Geburt und Sexualität sagen? Was bedarf der Heilung, damit Frauen wieder gänzlich natürlich gebären können?

Erde: Es gibt viele Wege, sich beim Gebären mit der Erde zu verbinden. In diesem Bereich ist viel gute Arbeit geschehen, wie zum Beispiel Wassergeburten, weiche Geburten, Geburten in der Natur, im Meer und so weiter. Doch es gibt auch eine gegensätzliche Bewegung, in der eine Geburt als etwas Störendes im Leben der jungen Frauen oder jungen Paare erachtet wird, was zu einem exzessiven Einsatz pharmakologischer Wirkstoffe, unnötig vielen Kaiserschnitten und generell einem Abgeschnittensein vom eigenen Körper führt.

Um die Frage zu beantworten: Es hängt davon ab, wer du bist. Wenn du voll und ganz in Harmonie bist, ist es, als würde die Erde das Kind gebären, denn dann bist du mit dem Geburtsprozess in seinem puren Urzustand verbunden. Der ist am besten mit einem orgiastischen Prozess zu vergleichen, wenn es möglich ist, ihn zuzulassen. Dieser »Orgasmus« ist anders als der, den zwei Liebende erleben, denn er spielt sich stärker im Inneren ab und hat so auch etwas Kosmisches an sich. Eine solche Geburt leistet gleichzeitig einen Beitrag zur evolutionären Entwicklung der Erde selbst. Das liegt daran, dass ihr ihr eigener orgiastischer Prozess zurückgespiegelt wird. Und das ist mit der »jungfräulichen Geburt« gemeint, denn die Geburt als solche hängt nicht vom Liebesspiel mit einem Mann ab und schließt es auch nicht mit ein. Es ist in der Tat ein ehrfurchtgebietendes Ereignis, das wellengleich nach draußen strahlt und die Welt berührt.

Die Frage danach, was Frauen heilen müssen, lässt sich am besten dadurch beantworten, dass ich sage, dass Frauen nach innen gehen müssen. Die seit Jahrtausenden herrschende Dominanz der Männer über die Frauen ist ein gemeinsames Geschehen. Es schließt mit ein, dass die Frauen ihre Kraft und Macht den Männern übergeben, was manchmal so weit geht, dass sie die Männer in diese Rolle zwingen. In diesen gemeinsamen langfristigen Prozessen zwischen Männern und Frauen wurden die Grenzen dessen ausgelotet, was passieren kann, wenn ein Geschlecht das andere beherrscht. Nun nähern wir uns etwas, was auch gegen jeden Widerstand eintreten wird. Es hat damit zu tun, dass beide Geschlechter nach innen gehen und einander von innen her berühren. Diese Berührung des oder der anderen von innen her kann einen völlig neuen Tanz der Liebe zwischen den Geschlechtern entstehen lassen. Es beginnt damit, dass wir nicht mehr versuchen, andere zu beeindrucken oder ihre Anerkennung zu erlangen; wir verstehen dann auch eine Spiegelung durch einen anderen nicht mehr als Bewertung oder Urteil über uns, besonders, was den Körper und sein Aussehen betrifft.

Die Bedeutung der Verbindung zur Erde liegt anfangs hauptsächlich auf Heilung, denn auf einer rein energetischen Ebene können Narben, Tränen, Schmerz und Kummer über eine Vertiefung der Verbindung zur Erde absorbiert und transformiert werden. Das bedeutet, dass Schwangere sehr davon profitieren würden, viel Zeit in der Natur zu verbringen – wenn möglich nackt – und sich einem tiefen Prozess widmen, in dem sie Muster, an denen sie festhalten, »weggeben«, etwa Ängste, Zweifel, Einsamkeitsgefühle und körperlichen und mentalen Schmerz. Die Verbindung mit den natürlichen energetischen Fließbewegungen kann Freude und Verbundenheit, Ehrfurcht und Dankbarkeit bringen, aber auch Resonanzen innerer und äußerer Schönheit, eine ruhige Gespanntheit und eine erdige Öffnung des unteren Bauchbereichs, des Schoßes, dessen wellenförmige Bewegungen im Einklang mit den pulsierenden Rhythmen des Lebens selbst stehen. Besonders unter der Anleitung einer weisen

Frau kann eine Geburt wieder zu einem natürlichen, freudigen und erotischen Erleben werden, das darin gipfelt, dass eine neue Seele mit all ihren Aspekten in einer freudvollen orgiastischen Welle willkommen geheißen wird – ein noch nicht alltägliches Ereignis. Wie ihr bestimmt erahnen könnt, wird das mit dazugehören, wenn eine neue Epoche mit einer völlig neuen Ebene von Nähe und Freiheit zwischen den Menschen und mir, der Erde, eingeläutet wird.

Schlusswort

Erde:
Fühlt euch nicht schuldig wegen dem,
was ihr mir angetan habt.
Entzündet stattdessen eine Kerze der Dankbarkeit
und schaut nach vorn.
Vertraut darauf, dass wir nun gemeinsam
eine völlig neue Realität auf der Erde schaffen können.

NEUE ERDE im Buchhandel

Neue Erde ist ein kleiner unabhängiger Verlag, und der unabhängige Buchhandel ist unser natürlicher Partner. Wir unterstützen die Initiative »buy local«.

Sollte es Lieferschwierigkeiten bei den Büchern von NEUE ERDE geben, lassen Sie immer im VLB (Verzeichnis lieferbarer Bücher) nachsehen, im Internet unter **www.buchhandel.de**

Alle lieferbaren Titel des Verlags sind für den Buchhandel verfügbar.

Auch mobil können Sie, zum Beispiel mit der App von LChoice, unsere Bücher beim örtlichen Buchhändler kaufen.

Sie finden unsere Bücher auch auf unserer Homepage **www.neue-erde.de** oder in unserem Gesamtverzeichnis, welches Sie gerne hier anfordern können:

NEUE ERDE GmbH
Cecilienstr. 29 · 66111 Saarbrücken
info@neue-erde.de